Renate Demski

Die kleine Dame

Renate Demski

Die kleine Dame

Wenn die Mutter wieder Kind wird

Verlag Butzon & Bercker Kevelaer

Die Deutsche Bibliothek – CIP-Einheitsaufnahme

Demski, Renate:
Die kleine Dame : wenn die Mutter wieder Kind wird / Renate Demski. – 2. Aufl. – Kevelaer : Butzon und Bercker, 1997
(Bercker Senioren)
ISBN 3-7666-0097-4 Pp.

ISBN 3-7666-0097-4

2. Auflage 1997

Umschlaggestaltung: Astrid Leson, Münster
Satz: Greiner & Reichel, Köln

Für Margret

Inhalt

Geleitwort 9

Vorwort 13

Die Kette 19

Zwei Taschentücher 28

Der Gänseweg 39

Das Foto 49

Der Fensterausschnitt 73

Die Poster 84

Das Gästebuch 92

Die Kassetten 106

Texte zum 12. und 17. 9. 1992 112

Geleitwort

Was bleibt, ist Liebe. Renate Demskis Buch macht Mut – Mut zum Leben mit dem grausamen Verlust der Verstandeskraft und des Gedächtnisses. Es ist kein Ratgeberbuch, dennoch hilft es. Durch die Schilderung persönlicher Erlebnisse lernen wir verstehen, daß die Würde eines Menschen nicht daran gebunden ist, ob er selbständig leben kann. Die Würde des Menschen zeigt sich in der Fähigkeit zu mitmenschlicher Nähe und Begegnung. Die geht auch durch schwere geistige Abbauprozesse im Alter nicht verloren. Was letztlich bleibt, ist Liebe.

Ein hohes Alter erreichen heute sehr viel mehr Menschen als früher. Hirnleiden aber werfen einen großen Schatten auf die gewonnenen Jahre. Als der Reichskanzler Otto von Bismarck vor hundert Jahren sein Sozialversicherungssystem schuf und die Pensionierungsgrenze mit 65 Jahren festlegte, erreichte nur jeder zwanzigste Versicherte überhaupt dieses Lebensalter. Heute kann annähernd jeder zweite in Deutschland seinen achtzigsten Geburtstag feiern. Doch jeder fünfte Hochbetagte wird dement, wie der medizinische Fachausdruck für den Verlust der geistigen Leistungsfähigkeit heißt. In Deutschland leiden rund 800 000 Menschen an einer Demenzkrankheit, am häufigsten an der Alzheimer Krankheit.

Der Betroffene hat Schwierigkeiten, sich zu erinnern, Dinge zu verstehen und zu beurteilen. Doch sind Demenzkranke deshalb weder verrückt noch wahnsinnig. Es sind Menschen, deren Möglichkeit, die Welt zu verstehen, sich verändert und verzerrt hat. Sie sind somit durchaus ansprechbar, wenngleich nicht mehr auf der intellektuellen, verstandesmäßigen Ebene.

Aber die Körpersprache zum Beispiel und Bereiche des menschlichen Gefühlslebens wie Zärtlichkeit, Liebe und das Gefühl für Geborgenheit bleiben trotz der schweren Krankheit erhalten. Auch die Freude an der Schönheit der Natur, Humor und ethisches Empfinden können völlig unversehrt bleiben.

Obwohl Renate Demskis Mutter kaum noch ein Wort sprach, sagte sie nach dem gemeinsamen Abendgebet: „Danke für alles." Tiefes Gottvertrauen, die Freude am regelmäßigen Kirchgang mit ihrer Tochter und anderes religiöses Tun vermittelten ihr bis zu den letzten Lebenstagen Geborgenheit und Orientierung.

Altersverwirrte Menschen, denen es vergönnt ist, in einer Umgebung zu leben, die Augen, Ohren und behutsame Hände für sie hat, verfallen weniger rasch. Seltener zeigen sich Folgesymptome wie Depression, Angst und Unruhe, wodurch die häusliche Pflege schwer erträglich wird. Der körperliche Verfall, durch den die Kranken bettlägerig werden, erfolgt damit später. Diese für beide Teile – Patienten und pflegende Angehörige – schlimmste Phase der Krankheit, die meist die Einweisung und den Aufenthalt im Pflegeheim erforderlich macht, läßt sich bei einfühlsamer Betreuung hinausschieben und somit wesentlich verkürzen.

Renate Demski zeigt, wie das möglich ist, wenn auch unter großem Einsatz. Aber sie schreibt auch von dem Lohn für alle Mühen: Die kranke Frau D. lehrte ihre Töchter und andere die tiefe Freude, die uns die kleinen Dinge und Gesten des Lebens zu schenken vermögen.

Gräfelfing, im April 1995
*Dr. Annelies Furtmayr-Schuh**

---

* Autorin des Buches: „Das große Vergessen. Die Alzheimer Krankheit", Kreuz Verlag 1990

Vorwort

Etwas zur Entstehung, Gestaltung und zum Thema der Aufzeichnungen: Eine gute Bekannte bat mich aufzuschreiben, warum uns die Sorge um unsere Mutter – auch für andere so sichtbar – hat Freude machen können. Belastung als Freude?
Das „Warum" ist leicht zu beantworten. Wir hatten unsere Mutter gern, auch andere mußten sie einfach gern haben. Und wir hatten den Eindruck, durch sie und mit ihr zu lernen – trotz oder gerade wegen des Abbaus ihrer geistigen und körperlichen Kräfte. Es galt, das „Wie" darzustellen, um das „Warum" verständlicher zu machen.
Ich begann zu schreiben in Erinnerung an etwas Eigenartiges. Während des kurzen Krankenhausaufenthalts meiner Mutter ließ mich das Personal einmal zwei Stunden auf der Bank in dem kleinen Vorraum vor der Intensivstation warten. Die Wand und die Tür vor mir konnte ich mir ansehen. In Bruchstücken tauchten Bilder aus dem Leben meiner Mutter auf, aus unserem gemeinsamen Leben. Das Geschriebene sind Ausschnitte dieser Bilder.
In ihnen gibt es verschiedene Vergangenheitsebenen: Situationen aus den von der Demenz geprägten Lebensjahren und Geschichten aus der Zeit vor der Erkrankung unserer Mutter, selbst aus ihrer Kindheit. Für uns wurde das Verhalten unserer kleinen Dame verständlicher durch das, was wir von ihr erzählen gehört und mit ihr erlebt hatten.

Der Titel „Die kleine Dame“ – so nenne ich unsere Mutter auch stellenweise in den Aufzeichnungen – vermittelt, so hoffe ich, den Eindruck dessen, was uns in der Beziehung wichtig war: Zuneigung und Achtung.

In einem Buch über Logotherapie fand ich viel an Bestätigung für unsere Art des Umgangs. Diese Therapie, ihr Begründer ist Viktor E. Frankl (geb. 1905), ist eine sinnorientierte Psychotherapie. Sie spricht von dem „unzerstörbar Geistigen“, der 3. Dimension des Menschen, neben dem Physischen und Psychischen. Trotz des zum Teil schwer dementen Verhaltens unserer Mutter blieb in ihr das sichtbar, was Frankl das unzerstörbar Geistige nennt.

Die Logotherapie bietet eine wertvolle Hilfe zu einem positiven Umgang mit der Vergangenheit. Anders als die vage Zukunft, die eine große Zahl von Wahlmöglichkeiten in sich birgt, anders als der flüchtige Augenblick, in dem sich der Mensch für eine der vielen Möglichkeiten entscheidet, ist alles Vergangene in der absolut sicheren Form von Sein. In dem Leiden unter der Vergänglichkeit von allem sieht Frankl ein unnötiges Leiden. Das Vergangene ist in den „Scheunen der Vergangenheit aufbewahrt“. „... in der Vergangenheit (ist) alles Vergangene ‚aufgehoben‘ durchaus im Hegelschen Doppelsinn: Es ist nicht nur ‚liquidiert‘, sondern auch aufbewahrt, also konserviert“ (Frankl, Der Wille zum Sinn, München ^{2}1994, 49). So bekommt das Vergangene eine absolut sichere Form von Sein, eben Vergangen-Sein. Selbst das Vergessen des Menschen ändert nichts an dieser

Realität. Das Sein des Menschen wird reicher mit seiner von Tag zu Tag anwachsenden Geschichte. Unsere Mutter blieb für uns der Mensch mit seinen Geschichten, mit seinem Leben.
Verhalten von dementen Menschen als kindliches Verhalten zu bezeichnen (siehe Untertitel), könnte nach Frankl die Bedeutung des Vergangenen vergessen machen. Es wäre ein Blick auf den anderen, der nur die Gegenwart wahrnimmt und Unvergleichbares gleichsetzt. (Ein banales, aber den Betroffenen verletzendes Beispiel: Alte (demente) Menschen werden zu leicht einfach geduzt.) Positive Züge und Vertiefung gewinnt dieser flüchtige Blick von außen jedoch durch das, was Saint-Exupéry in seinem „Kleinen Prinzen" als „Kindsein", das er auch Erwachsenen nahelegt, beschreibt: die Fähigkeit zur Freude, die Notwendigkeit von unverwechselbaren, einmaligen menschlichen Beziehungen, das Ausgerichtetsein auf das Wesentliche, das für unsere Augen unsichtbar bleibt. In diesem Sinne war unsere Mutter Kind. Und in diesem Sinne wünschen wir für uns selbst, Kind zu sein.
Meine Aufzeichnungen waren zunächst nur für meine Bekannte gedacht. Der Leserkreis erweiterte sich. Es gab Stimmen für eine Veröffentlichung: Unsere persönlichen Erinnerungen könnten das zur Sprache bringen, was so viele Menschen in unserem Land erfahren, was sie tun, was nicht verschwiegen werden sollte, was Unterstützung geben und Mut machen könnte.
Wie Stefan, 20 Jahre, Zivildienstleistender in einem Altenheim, sehen viele Betreuende, Pflegen-

de ihren Dienst: Der junge Mann ist sich ohne „Wenn und Aber" sicher, daß er in seiner Arbeitszeit etwas Sinnvolles tut. Er hat Menschen auf seiner Station liebgewonnen, wie sie ihn auch. Er erfährt, daß Einfühlungsvermögen, Behutsamkeit, Kreativität gefragt sind, selbst und gerade bei alltäglichen Verrichtungen. Was er sich wünschte: mehr Zeit zu haben für Gespräche, weil er erlebt hat, wie eine kleine halbe Stunde Sprechen und Zuhören einen Menschen verändern kann. Müde, frustriert und froh kommt Stefan von seiner Arbeit zurück.

Und jene, die Betreuung oder Pflege erfahren? In Worten, Mimik, Gestik, Handgriffen werden Zuneigung, Liebe wahrgenommen und immer wieder neu die Bestätigung: „Es ist gut, daß ich da bin. Trotz aller Krankheit. Trotz aller Schwäche." Es gibt die Freude aneinander und miteinander, über so viele „Kleinigkeiten". Frau A., 95 Jahre alt, lebt in einem Altenheim in einem Zweibettzimmer einer Pflegestation. Ihr Lieblingswort verwendete auch unsere Mutter: „schön". Ganz banale Dinge sind für Frau A. schön. Wenn das Tablett zum Abendbrot vor sie auf den Tisch gestellt wird, lehnt sie sich zurück, betrachtet die große Tasse, die garnierten Brotstücke auf dem Teller, lächelt und sagt mit tiefster Überzeugung „ihr Wort". Ihr kleiner Garten auf der Fensterbank, die Tafel Schokolade, der neue Pullover des Besuchs, ihre wenigen Fotos an der Wand, das Betrachten von Tierabbildungen, das Sprechen von Gebeten aus ihrem Heft in großer Schrift, einige Schritte in der Sonne auf der Terrasse des Hauses – all dies verdient „ihr Wort" mit jener Begeisterung, die den Wert von kleinen Dingen sehen läßt und erfinderisch für neue Unternehmungen macht. Und von dem „Schatz", mit dem gerade Menschen der älteren Generation in ihrem langen Leben vertrauter geworden sind, können wir lernen: Andrea, 14 Jahre alt, Teilnehmerin am Firmunterricht ihrer Gemeinde, weiß um diese Kostbarkeit. Sie selbst hat Schwierigkeiten, an Gott zu glauben. Ihre Eltern auch, hat sie den Eindruck. Aber für ihre Oma lebt Gott, da ist sie sich ganz sicher. Andrea möchte so fest wie ihre Oma glauben können.

Eine Liste von Menschen, von Situationen, die ins Unendliche fortgesetzt werden müßte, zu der jeder Leser sicherlich seinen Beitrag geben könnte ... Gute Erfahrungen trotz aller vorhersehbaren und überraschenden Schwierigkeiten. Trotz des Risikos, Fehler zu machen, ungeschickt zu sein, taub, stumm, zu viel zu reden, lahm, abgelenkt, feige, müde, überlastet zu sein, nicht mehr zu können ...

An den Schluß möchte ich zwei der vielen Verse stellen, die unsere Mutter und uns begleiteten. Sie waren kein Trostpflaster, sie wurden für uns Lebenswirklichkeit.

„Hab keine Angst, denn ich bin dein Gott" (Jes 41, 10).

„Ich bin bei euch alle Tage" (Mt 28, 20).

Renate Demski

Die Kette

Auf der Schreibplatte im Zimmer meiner Mutter liegt ihre Kette, eine dünne Silberkette mit einem Anhänger, einer Medaille der Mutter Gottes von Lourdes.
Meine Mutter legte die Kette nur vor dem Baden ab. Oder wenn sich das Silber dunkel verfärbt hatte, nur für die Zeit des Putzens.

Einmal in ihrem Leben fuhr meine Mutter nach Lourdes. Sie hat nie um diese Fahrt gebeten, aber als Brigitte, meine Schwester, ihr den Vorschlag machte, war sie überglücklich. Sie strahlte von ihren schönen silbernen Haaren bis zu den Füßen nur Freude aus. Den fernen Ort, von dem sie schon seit ihrer Kindheit hatte erzählen hören, würde sie sehen!
Das war 1981. Sie war 76, bald 77 Jahre alt. Trotz ihrer sich von Jahr zu Jahr verschlimmernden Gedächtnisschwäche blieb ihr diese Reise lange in Erinnerung. Nicht das sommerliche Lourdes: die große Lichterprozession am Abend, die unzähligen Rollstühle, das internationale Stimmengewirr, die Schwierigkeit, bis zur Grotte vorzudringen. Es war das herbstliche, verlassene Lourdes, eine ruhige Kleinstadt, für sie ein Ort, an dem die Grenze zwischen sichtbarer und unsichtbarer Welt aufgehoben war, ein Wunder, das Tag für Tag geschieht, aber dort ganz greifbar war. Für sie war dies ein Ort, an dem die Muttergottes, dies war

ihre Bezeichnung für Maria, einem Kind erschien und es bat, den Rosenkranz zu beten, für andere, für die Welt.

Der Rosenkranz war, solange ich denken kann, das Gebet, das sie begleitete, ganz sichtbar auch durch die gereihten Perlen aus Holz in ihrer Tasche. Zielpunkt war für sie die wöchentliche Rosenkranzandacht in unserer Gemeinde. Vor den Betern steht eine kleine Statue Marias mit ihrem Kind auf den Knien. Die Statue gestaltet in einfachen Formen das „Gegrüßet seist du, Maria", das einprägsame Gebet, in dem Jesus das Zentrum ist. Mit den anderen betete meine Mutter, ging in Gedanken den Weg Gottes mit den Menschen.

Die seltenen Male, die ich während der Andacht neben ihr saß, hörte ich ihre vertraute Stimme: „Heilige Maria, Mutter Gottes, bitte für uns Sünder, jetzt und in der Stunde unseres Todes." Sie wiederholte dieses Gebet mit solch innerer Anteilnahme, daß wir Mitbetenden für sie nur noch Stimmen waren, die gemeinsam mit ihr zu jemandem sprachen, der ihr so nahe, so vertraut war.

Viele Darstellungen der Muttergottes hat unsere Mutter in ihrem Leben gesehen. Diese erinnerten sie an eine Person, die ihr im Laufe der Jahre vertrauter geworden war, vor der sie innehielt, verweilte und wie beim Gebet den Begleiter unwichtig werden ließ. Sie vermittelte das Gefühl, beschützt und geborgen zu sein. Vor allem Darstellungen Marias mit dem Kind übten auf sie eine unwiderstehliche Anziehungskraft aus. Sie hatte Freude an Kindern. Und Gott in der Gestalt Jesu als Kind, „der liebe Heiland", wie sie ihn

meist nannte, wurde Grund zur Freude, zur Zuwendung.
Kirchenlieder, besonders jene, in denen Gott das angesprochene Du war, in denen sie sich wiederfinden konnte mit dem, was ihr in dieser lebendigen Beziehung wichtig war, sang sie mit tiefer Ergriffenheit. Stichworte eines dieser Lieder: Freude, Ruhe, Hoffnung, Trost.
In Lourdes sein, bedeutete für sie, der Freude, der Ruhe, der Hoffnung, dem Trost greifbar nahe zu sein. Ort des Gebetes wurde für sie die Grotte, vor dem Stück Felsen, das unzählige Pilger berührt haben, wo Bernadette die „schöne Frau" sah und mit ihr sprach. Ich stelle mir vor, wie unsere Mutter diesen Felsen berührte – wie den Gekreuzigten während der Zeremonie der Kreuzverehrung in einer Karfreitagsliturgie – so behutsam, so vorsichtig, so liebevoll, als ob das, was ihr heilig war, nur Zärtlichkeit zuließ. Ihr Gesicht war ganz Sammlung, todernst, ein Ernst, der den anderen fremd werden ließ.
Erst vor sechs Jahren entdeckte ich, daß – so paradox es klingen mag – ganz tief in ihr Trost, Frieden, Hoffnung, Freude waren. Auf dem offenen Kirchplatz nach dem Gottesdienst umarmte sie mich auf einmal strahlend mit der Erklärung: „Es ist so schön, beim lieben Gott zu sein." Es war eine Freude, bei der sie vergaß, was ihr sonst so wichtig war, wenn sie vorwurfsvoll sagte: „Was sollen die Leute denken?!" Seit jenem Abend erlebte ich ihre sichtbare Sammlung während des Gebets als Deckmantel, als Schutz, unter dem jene sie bewahrende und mitreißende Freude sich entfalten konnte.

Ich sehe, wie sie sich von der Grotte abwendet, ich sehe ihr dankbares, zufriedenes, glückliches Gesicht. In Lourdes erinnerte sie sich an ihre um zehn Jahre ältere Schwester, die schwer erkrankt im Herbst 1928 die weite Fahrt von Schlesien hierher gemacht hatte. Sie sprach nicht davon, daß ihre Schwester Heilung suchte. Diese Fahrt bedeutete für sie Hoffnung und Erfüllung.

Der Tod ihrer Schwester 1929 war das erste Ereignis aus der weiteren Vergangenheit, das meine Mutter im Alter vergaß.

Für sie blieb Trude eine, die sie gern hatte, bei der sie oft zu Besuch war, bei der sie auch ihren Georg kennenlernte und die ihre große Hochzeitsfeier im Sommer 1928 so schön gestaltete. Sie war jemand, der voll Vertrauen die lange Fahrt nach Lourdes unternommen hatte und froh zurückkehrte. Für sie lebte ihre Schwester. Diese Erinnerungen ließen sie lächeln, lachen. Betrübt stellte sie dann irgendwann zum ersten Mal und über lange Zeit immer wieder die Frage, warum Trude denn nicht zu Besuch komme oder wenigstens eine Karte oder einen Brief schreibe. Sie habe so lange nichts von sich hören lassen. Das fragende Gesicht, die traurigen Augen forderten Antwort.

Wir waren betroffen von dem Vergessen, dem schnellen Wechsel von Freude zu Traurigkeit, von der unerfüllbaren Sehnsucht, diesen für sie wertvollen Menschen lebendig, nahe zu wissen. Wir suchten Worte, sie auf den Tod ihrer Schwester jetzt und hier vorzubereiten. Sie spürte unser Zögern. Sie ahnte die Erinnerung an den Tod. Aber von ihm zu hören, trotz aller behutsamen

Vorbereitung, indem wir sie an die Krankheit ihrer Schwester, an ihre Fahrt nach Lourdes erinnerten, war für sie jedesmal von neuem eine schmerzliche Erfahrung, die sie weinen lassen konnte.
Unsere Reaktion auf diese Tränen über den Tod einer für uns Fremden war immer wieder zwiespältig. Einerseits waren wir zornig und traurig, Tränen trocknen zu müssen, die es vor 50 Jahren gegeben hatte, wo es in der Gegenwart genügend Dinge gab, für die Tränen berechtigt gewesen wären und die erleichtert hätten.
Aber wenn wir unsere Mutter in ihrem Schmerz, in ihrer Verlorenheit sahen, war es unmöglich, sie in ihrer Trauer allein zu lassen. Gesten und Worte ergaben sich: sich neben sie setzen, damit sie sich anlehnen konnte, ihre Hand halten, sie streicheln, sie umarmen, Sätze wiederholen, in denen sie sich selbst wiederfand: „Tante Trude ist jetzt ganz beim lieben Heiland. Im Himmel werden wir uns alle wiedersehen. Ich möchte dann Tante Trude kennenlernen. Du mußt sie mir zeigen. Tante Trude sieht jetzt die Muttergottes, wie sie wirklich aussieht. Sie freut sich bestimmt im Himmel und will nicht, daß wir traurig sind."
Es wurden für uns Sätze, in denen sich die Sicherheit, mit der unsere Mutter an ein Weiterleben nach dem Tod in Gemeinsamkeit glaubte, auch uns mitteilte. Die erinnerte Wirklichkeit gab ihr wieder Halt. Sie löste sich aus der Umarmung, richtete sich auf. Eine Last war von ihr abgefallen. Ihre Hände wurden wieder beweglich für Dinge, die sie gern tat. Ihr Gesicht war entspannt. Sie

war offen für das, was in den nächsten Augenblikken geschehen konnte.
Und Brigitte und ich atmeten auf, weil wir wieder zusammen in der Gegenwart lebten, in der es so viele Dinge zu tun gibt, in einer unbegrenzten Gegenwart.
In Lourdes ging unsere Mutter auf den Straßen, auf denen ihre Schwester gegangen war. Und sie genoß es, in einem fremden Land zu sein, in einem Land, von dem ihr Mann ihr viel erzählt hatte. Sie verweilte, um Häuser und Menschen zu betrachten. Ihre aufmerksamen Augen begutachteten die Gesichter, die Kleidung, den Gang der Passanten. Und sie bestätigte sich, daß diese Menschen gar nicht so anders waren als jene, die sie kannte.
Auf jede Mahlzeit der berühmten französischen Küche war sie gespannt. Ich stelle sie mir am Tisch vor: schweigsam wie meistens beim Essen, wie sie es von ihrem Elternhaus gewohnt war, ruhig Stück für Stück genießend, dabei den Blick schweifen lassen zu ihrer Tochter, zu den Gästen, zum Personal, ihr Blick für alles Besondere, ihr dankbares Lächeln für jeden Handgriff, vielleicht manchmal auch das sichere deutsche Wort „danke", das der Fremde verstand.
Es gibt Fotos von diesem Aufenthalt in Lourdes, aufgenommen von einem Berufsfotografen, der trotz der beendeten Wallfahrtszeit noch auf Pilger wartete. An Brigittes Hand – im Hintergrund der Turm der Basilika mit dem benachbarten Berg – wirkt unsere Mutter ruhig, sicher und froh. Sie ist an einem Ort, den sie kennt, mit einem Menschen, den sie liebt, der ihr den großen unausge-

sprochenen Wunsch erfüllt hat, der selbst gern in diesen Ort gefahren ist, der mit ihr alle Wege geht, ihr alle Zeit läßt, auf den sie sich verlassen kann, der ihr alles abnimmt, was für sie zu schwer ist. Diese Last, die für sie getragen wird, scheint in der großen schwarzen Handtasche, die fast schon die Größe einer Reisetasche hat, verpackt zu sein. Meine Schwester hält sie fest unter dem linken Arm. Das Gewicht spielt für sie keine Rolle. Frei von aller Last vermittelt unsere Mutter den Eindruck von Leichtigkeit. Sehr, sehr erschöpft, aber überglücklich kam sie wieder nach Hause.
Orte der Marienverehrung gibt es auch in der Nähe unserer Stadt. Es war ganz leicht, unserer Mutter eine Freude zu machen, wenn man ihr vorschlug, nach Werl zu fahren, in die Basilika zu gehen, mit ihr dort zu sitzen, sie ihrem Gebet zu überlassen.
Ein Bekannter, den ich einmal bat, mit ihr dorthin zu fahren, damit ich Zeit für meine Arbeit hätte, kam völlig überrascht wieder zurück. Er hatte nicht gewußt, daß man so lange still in einer Kirche sitzen kann. Unsere Mutter hatte seine Vorschläge, doch in ein Café zu gehen und dann wieder nach Hause zu fahren, einfach nicht beachtet, bis es Zeit für sie war.
Werl war ihr so lieb geworden wie der heimatliche Annaberg. Von Jahr zu Jahr hatten sich dort Erinnerungen gesammelt. Bald nach unserer Ankunft im „Westen" nahmen wir an den Schlesierwallfahrten teil. Lieder wurden dort gesungen, die sie seit ihrer Kindheit kannte. Mit den Fahrrädern fuhren unsere Eltern oft nach Werl. Es waren

Tage, die nur ihnen gehörten. Die Silberhochzeit wurde im engsten Familienkreis dort gefeiert. Und die goldene Hochzeit 1978, vier Monate vor dem Tod unseres Vaters.

Ort des besonderen Gebetes wurde die Basilika auch an einem für uns sehr schweren Tag im Januar 1977: Unsere älteste Schwester lag im Sterben. Es war nicht möglich, daß wir alle bei ihr waren. Brigitte hatte an diesem Sonntag die Wache auf der Intensivstation übernommen. In aller Hilflosigkeit schlug ich meinen Eltern vor, gemeinsam nach Werl zu fahren.

Für meine Mutter muß meine Schwester als ältestes Kind ihr am meisten bedeutet haben, auch wenn sie bemüht war, ihre Liebe gleichmäßig zu verteilen. Maria hatte am längsten mit ihr gelebt, hatte ihr die schwersten Jahre helfend zur Seite gestanden, mehr als elf Jahre konnten ihre Zuneigung und Aufmerksamkeit für dieses Kind ungeteilt sein. Trotz ihrer beruflichen Karriere bewahrte unsere älteste Schwester eine herzliche, spontane Liebe für unsere Mutter, nie spielte der Bildungsunterschied zwischen ihnen eine Rolle. Mit Stolz wurden die Veröffentlichungen meiner Schwester nicht gelesen, dafür war die Materie zu schwierig, zu speziell, aber gesammelt. Ebenfalls voll Stolz verfolgte sie jedes Wort der Vortragenden – ihrer Tochter – im überfüllten Saal einer Nachbarstadt. Dieses Kind lag im Sterben.

Ich kann mich nicht an das Gesicht meiner Mutter, meines Vaters in der Basilika erinnern, ich war zu sehr mit meinen eigenen Gefühlen, Ge-

danken beschäftigt. Aber etwas weiß ich noch genau, als ob es heute wäre: Bevor wir die Kirche verließen, zündete meine Mutter bei der Pieta Kerzen an. Sie blieb dort noch einmal lange Zeit. Draußen, nachdem die schwere Tür geschlossen war, sagte meine Mutter einen Satz: „Die Muttergottes hat ihren Sohn auch so früh verloren."
Wir fuhren schweigend nach Hause zurück. Brigitte rief an. Meine Schwester hatte, wie sie fest glaubte und vertraute, ihr neues Leben begonnen.

Jahre vor ihrer Fahrt nach Lourdes trug unsere Mutter die Kette mit dem Anhänger, ein Geschenk von Brigitte. Es war ihr kostbar und wurde ihr nach der Fahrt noch kostbarer.
Auf der Bank vor der verschlossenen Tür zur Intensivstation sitzend, wartend, daß ich wieder zu meiner Mutter darf, erhalte ich ein Blatt Papier und einen Stift, mit dem ich unterschreiben soll. Ich bestätige, daß ich den Wertgegenstand, eine Kette und einen Anhänger, erhalten habe.

Zwei Taschentücher

Das Ergebnis aller Überlegungen, was ich meiner Mutter auf die Intensivstation mitbringen könnte, was nicht auffallen dürfte, was ihr vertraut ist, steckt in meiner Tasche. Etwas, was sie immer bei sich haben oder was wenigstens in greifbarer Nähe liegen mußte.

Die Wahl fiel zuerst auf das Taschentuch, das eine liebe Bekannte für sie gestickt hat. In einer Ecke des feinen, weißen Materials prangt ganz groß ein A., der Anfangsbuchstabe ihres Vornamens, von Pflanzen umrankt, eine schwungvolle Eigenschöpfung. Es war ein Geschenk, das unsere kleine Dame gern in die Hand nahm, betrachtete und festhielt. Das A. wurde für sie zum Anlaß, sich an ihren Namen zu erinnern.

Noch für ein anderes Tuch habe ich mich entschieden. Rauher Stoff, aber ganz mit gelben Blumen bedruckt.

Jeden Tag in den letzten Jahren stand für sie in unserer Wohnung ein Blumenstrauß, auch zwei oder drei, meist Geschenke von Brigitte, die treu jedes Wochenende und in den Ferien zu uns kam. Unsere Mutter freute sich an den Blumen. Sie halfen ihr auch, die Schweigsamkeit zu durchbrechen. „Sie sind schön!" wiederholte sie oft. Dieser Satz stand am Ende einer langen Betrachtung, für die sie stehengeblieben war oder ihre Tätigkeit unterbrochen hatte.

Dieses bedruckte Tuch faltete sie gern auseinan-

der, strich sanft über die Blumen, als seien sie aus dem Stoff herauszulösen, faltete es dann wieder zusammen und steckte es in die Tasche.
Mit diesen beiden Tüchern wird es für sie in der fremden Umgebung ein Stückchen Vertrautes geben, so hoffe ich, etwas, um das sie ihre Hand schließen kann, wenn ich wieder hinausgeschickt werde.

Es kann sein, daß sie diese Tücher noch selbst gebügelt hat. „Plätten", wie sie diese Tätigkeit nannte, war für sie in der letzten Zeit die einzige gewohnte Arbeit, die sie tun konnte. Das Plätten eines Taschentuchs konnte eine halbe Stunde dauern oder länger. Mit den Händen strich sie erst lange den Stoff glatt, setzte das Bügeleisen an, fuhr mit ihm über das Tuch, hin und her, immer wieder. Schließlich entschied sie sich doch, das Tuch zu falten, und sie tat dies mit einer solchen Genauigkeit, daß die Ecken wie abgemessen übereinanderlagen. Dies machte Mühe, die ihr nie zuviel zu werden schien. Was sie tat, hatte ordentlich zu sein.
Das Ergebnis war ein Wunder an Perfektion. Man konnte nicht anders als es bestaunen. Als Antwort lächelte sie selbstbewußt und nahm das nächste Tuch.
Taschentücher waren am einfachsten zu bügeln. Sie waren Gegenstände des täglichen Gebrauchs. Aber darüber hinaus müssen sie im Leben unserer Mutter eine große Rolle gespielt haben.
Als sie von ihrem ersten Besuch bei einem Augenarzt zurückkam – es mögen 30 Jahre her sein –,

berichtete sie, daß ihr der Arzt gesagt hätte, sie habe Augen, die viel geweint hätten. Sie hat ihm recht geben müssen.

Einen großen Teil ihres Lebens kennen wir nur in Bruchstücken aus ihren knappen Erzählungen. Von Tränen hatte sie nur im Zusammenhang mit einem kleinen Ereignis berichtet: Die fast 24 Jahre in ihrem Elternhaus, in einem Dorf in Oberschlesien, war sie es gewohnt, immer unter bekannten Menschen zu sein. Nach ihrer Heirat, während der langen Dienststunden ihres Mannes, fühlte sie sich allein in Breslau. Auf der Gartenseite des Hauses, in dem unsere Eltern wohnten, befand sich das Lehrerinnenseminar, die Präparandie. An einem Tag, es muß ein warmer Sommertag gewesen sein, die Fenster waren weit geöffnet, hörte sie die jungen Mädchen singen. Es waren Heimatlieder, wie sie betonte. „Da kamen mir die Tränen." Sie mußte an ihre Eltern denken, an ihr Elternhaus. Sie weinte auch noch, als ihr Mann von der Arbeit zurückkehrte. Beide kamen überein, daß sie doch einfach für eine Woche wieder einmal nach Hause fahren solle, was sie auch tat. Aber schon in der Eisenbahn bereute sie diese Fahrt. Sie dachte an ihren Mann, der nun ganz allein war. Nach dieser Woche in ihrem Elternhaus war sie froh, wieder die 120 Kilometer, damals sicherlich fast eine Weltreise, nach Breslau heimzufahren. Sie entdeckte Verwandte und Freunde in dieser Stadt. Besuch kam. Es gab Theater-, Opern- und Konzertbesuche. Nach einem Jahr wurde ihr erstes Kind geboren. Sie konnte sich nicht mehr vorstellen, in einem Dorf, in ihrem Dorf zu wohnen.

Tränen ohne Trost sind auch in ihrer Kindheit und Jugend kaum vorstellbar. In ihren Erzählungen entstand für uns ein heiles Bild ihrer Vergangenheit, mit Sorgen und Schwierigkeiten – es war auch die Zeit des 1. Weltkriegs und der Nachkriegszeit –, aber geprägt von der Güte ihrer Eltern. Mit Ernst und Ehrfurcht faßte sie zusammen: „Ich hatte eine gute Mutter. Auch einen guten Vater."

Es gibt Geschichten aus ihrer Kindheit, die das, was Gutsein für sie bedeutete, veranschaulichen, Geschichten, die für sie zu den Immer-wieder-erzählten-Geschichten gehörten, die erst von ihr selbst, dann, als sie diese vergaß, ihr von uns erzählt wurden, um ihr eine Freude zu machen. Gespannt hörte sie dann Satz für Satz, es gab Wiedererkennen in ihrem Gesicht, ein Lächeln, Lachen – es waren wieder ihre Geschichten.

Eine der Episoden: Im Garten hatte ihr Vater für die Kinder einen Sandkasten eingerichtet, in dem sie mit ihrer Cousine, die sie sehr gern hatte, spielte. Da kamen die beiden Kinder, sie waren vier oder fünf Jahre alt, auf die Idee, daß wohl zum richtigen Kuchenbacken auch Eier gehörten. Der Hühnerstall war nicht weit. Die Mädchen holten sich, soviel sie für nötig hielten. Sie schlugen die Eier in den Sand und rührten eifrig ihren Sandkuchenteig.

An dieser Stelle mußte unsere Mutter immer wieder lachen und wir auch. Der Sandkuchenteig war eine herrliche Mischung aus Realität und kindlicher Fantasie.

Unbemerkt kam die Mutter. Sie sah die emsigen Bäckerinnnen, sah die Eierschalen, sah den Teig.

Ob ihr die Stille verdächtig vorgekommen war? Oder ob sie im Hühnerstall vergeblich nach Eiern gesucht hatte? Sie wurde von den Kindern bemerkt, die ein berechtigtes Donnerwetter erwarteten, aber nichts dergleichen geschah.
„Sie hat gar nicht geschimpft." Dieser letzte Satz war ihr der wichtigste Satz der ganzen Geschichte. Stolze Dankbarkeit für das Verständnis dieser Frau war an ihrem Gesicht abzulesen. Diese Episode wurde eine Geschichte, die ihr Leben begleitete.
Unsere Mutter wußte, auf wen sie sich verlassen konnte. Sie wußte, wer ihr immer wieder Verständnis und Geborgenheit schenkte. Ihre Eltern, beide Großelternpaare und das Dienstmädchen gehörten mit zu den „behütenden Engeln".

Die Hitlerzeit, der Krieg, die Flucht brachten für sie Erfahrungen, die das zerstörten, was ihr wichtig war. Und sicher Tränen ...
Die räumliche Trennung von dem, was ihr Heimat gewesen war, geschah durch die Flucht vor den Russen im kalten Januar 1945. Sie suchte ihren Mann auf einer mühsamen Irrfahrt in überfüllten Zügen, in stickigen Bahnhöfen, auch zu Fuß – in Eis und Schnee unterwegs – mit ihren beiden Kindern, Maria und Brigitte, fünfzehn und vier Jahre alt, sie selbst im fünften Monat schwanger. In Pirna, wo sie schließlich geblieben war, wartete sie monatelang auf das Kommen ihres Mannes. Vielleicht würde er noch leben, vielleicht würde er sie dort vermuten.
Ihre sparsamen Sätze verdeutlichten uns, daß alles, was ihr zugemutet wurde, zuviel für sie war.

In vielen Erzählversionen nannte sie den Namen dessen, der für sie der eigentlich Verantwortliche für dieses Leid in ihr und um sie herum war. Sie hatte ihn von Anfang an verabscheut, den Maler, den Anstreicher, den Hitler. Allein seine Stimme, sein Brüllen waren ihr verhaßt.

Unterrichtsinhalte in ihrer Schulzeit beschränkten sich auf elementare Kenntnisse im Lesen, Schreiben und Rechnen. Sie lernte gern. An besonderen Festtagen, so am Geburtstag des Kaisers und beim Besuch des Bischofs, war sie es, die Gedichte vortragen durfte. Doch nach ihrer Schulzeit hatte sie sich selbst verboten, Bücher zu lesen, weil diese sie von ihrer Arbeit abhielten. Erst in den letzten Jahren, als ihre Fähigkeiten für das, was für sie Arbeit war, abnahmen, lernte sie Bücher schätzen. Die meisten waren Bildbände mit kurzen, aber gehaltvollen Texten.

Ich bin sicher, unsere Mutter hat keines der Bücher gelesen, die anderen halfen, zu Hitler und zum Nationalsozialismus Abstand zu wahren. Aber das, was sie von ihm und über ihn und die Nazis hörte, im Gespräch, im Radio und das, was sie mit eigenen Augen sah, was sie erlebte, reichten aus, um diesen Schreihals – dies eine weitere Vokabel aus ihrem Wortschatz für diesen gewählten Politiker – von Anfang an zu verabscheuen. Ihre Reaktion auf das, was mit ihr und mit anderen in dieser Zeit geschah, müssen Tränen gewesen sein, offene und heimliche, heimliche vielleicht manchmal der Kinder wegen.

Wir haben im Laufe der Jahre immer mehr an ihr das schätzen gelernt, was auch unser Vater an ihr schätzte: ihr zutreffendes Urteil. Sie hörte zwischen den Zeilen, was Menschen im tiefsten dachten, auch wenn Worte einen ganz anderen Inhalt hatten. Als es ihr in den letzten Jahren schwerfiel, Gesprächen zu folgen, genügte es ihr, mit ihren aufmerksamen Augen einen Menschen anzusehen, sein Gesicht, seine Bewegungen, um dann zu entscheiden, ob er ihr Vertrauen, ihre Zuneigung verdiente oder ob es geraten war, nur freundlich und höflich zu sein.

Neben allen demütigenden, zerstörerischen Erfahrungen im Dritten Reich und auch in der Nachkriegszeit gab es für sie immer wieder Begegnungen mit Menschen, die gut zu ihr und zu anderen waren. Diese Begegnungen waren nicht zweitrangig. Für uns wurden sie durch die Art und Weise, wie sie von ihnen erzählte, zum Eigentlichen, zu dem, was ihr geholfen hatte zu leben. Sie verfaßte ihre eigene Geschichtsschreibung, ihre eigenen Heiligengeschichten.

Während der Flucht aus Schlesien saß sie eines Abends im überfüllten, stickigen Bahnhofsgebäude einer Stadt, die sie nicht kannte. Man informierte die Wartenden, daß vielleicht am nächsten Morgen noch ein Zug fahren werde. Sie saß mit ihren Kindern auf der Erde, es wurde ihr übel, sie mußte sich übergeben, obwohl sie den ganzen Tag nichts zu essen bekommen hatte. Da kam zum Bahnhof eine Frau, die ein Zimmer mit zwei Betten frei hatte und diese Fremden zur Übernachtung anbieten wollte. Die Frau sah meine Mutter, bat sie, mit ihren Kindern zu ihr zu kommen. Es war eine Einladung in ein Paradies. Es gab warmen Tee und etwas Warmes zu essen für alle. Meine Mutter behielt das Essen bei sich. Wir haben nicht erfahren, was gesprochen wurde, aber ich kann mir trotz aller Angst vor dem nächsten Bombenalarm, trotz aller Fremdheit nur warme, freundliche, herzliche Worte vorstellen.

In Pirna erlebte sie noch eine Variation dieser Begegnung. Nachts auf Umwegen angekommen, wollte sie einen entfernten Bekannten ihres Mannes ausfindig machen. Von ihm wußte sie nur den Hausnamen und den Beruf. Sie fragte einen Eisenbahner, der ihr vertrauenswürdig vorkam, ob er vielleicht einen Herrn L. kenne, der Lehrer sei. Der Mann kannte ihn nicht, aber er lud sie mit ihren Kindern zu sich ein. Unterwegs gestand er seine Furcht, daß seine Frau wohl „Augen machen" werde. Die Fremden wurden jedoch wie lieber Besuch aufgenommen und durften in frisch überzogenen, weißen Betten schlafen. Am nächsten Morgen kümmerte der Mann sich um die notwendige Information, begleitete die drei bis zur vielleicht rettenden Haustür, wartete, um sicher zu gehen, daß sie tatsächlich dort aufgenommen wurden.

L.s empfingen unsere Mutter mit offenen Armen. Man hatte keine Nachricht von ihrem Mann. Auch konnte sie dort nicht bleiben, weil die Familie bereits Flüchtlinge aufgenommen hatte. Aber sie besorgten ihr ein Quartier, wo sie mit den Kindern wohnen konnte, solange sie wollte.

Monate später suchte ihr Mann sie in Pirna bei L.s. Frau L. kam zu ihr, um sie auf sein Kommen vorzubereiten. Man fürchtete, daß ihr die große

Freude schaden könne, denn seit Beginn des Krieges war sie herzkrank. Es gab das erhoffte Wiedersehen.

Das kleine private Glück wurde immer wieder bedroht von russischen Soldaten, später dann der Besatzungsmacht, der die Bevölkerung schutzlos ausgeliefert war. Unsere Mutter hatte zu Recht Sorge und vor allem Sorge um ihre älteste Tochter und um sich selbst. Es gab Gründe genug, Angst zu haben.

Aber sie berichtete auch von Begegnungen mit Russen, bei denen die Angst unbegründet war. Eine der Geschichten habe ich immer wieder besonders gern gehört, sie betraf auch mich. Und später bildete sie einen Kontrast zu dem Bild „der Russen" in schulischen Feiern zum 17. Juni, ein Bild, das sich zudem wenig mit dem vertrug, was mein Vater – und dann auch ich – an russischer Literatur gelesen hatten.

In einem Einfamilienhaus, das Entbindungsheim geworden war, in einem kleinen Ort in der Nähe von Pirna, in dem meine Mutter nach der Geburt ihres Kindes lag, erschien ein Trupp Russen. Sie hörte, wie der Arzt versuchte, den Soldaten zu erklären, daß in diesem Haus nur Frauen seien, die ein Kind erwarteten oder Kinder geboren hätten. Sie hörte die Antwort eines Soldaten: „Kinder sehen!" Die Russen kamen und sahen. Bevor der letzte wieder das Zimmer verließ, drehte er sich um und segnete mit einem Kreuzzeichen die Frauen mit ihren Kindern. „Es gibt auch gute Russen", war die Schlußfolgerung meiner Mutter. Sichtbare Wirkungen dieses Segens?

Sie war aus Schlesien ohne jede Babywäsche weggefahren. Ob sie hoffte, längst vor der Geburt des dritten Kindes zurück zu sein? Oder ob sie dachte, daß dieses Kind nie lebend geboren, sie selbst auch diesen Krieg nicht überleben werde? Als ihre dritte Tochter schließlich geboren wurde, als sie selbst lebte, brauchte sie für das Kind etwas zum Anziehen. Eine Frau gab ihr die gesamte Babyausstattung, die ihre Tochter getragen hatte. Und Einladungen zu dieser Frau wurden jedesmal zu einem Fest. Sie verstand es, von irgendwoher irgendwie irgend etwas für Mutter und Kinder zu organisieren, backte leckere Kuchen aus Notzeitenzutaten und ließ das Annehmen aller Geschenke und Freundlichkeit zur Selbstverständlichkeit werden.

Unsere Mutter erzählte auch immer wieder von der Ordensschwester des Kindergartens. Als sie eines Abends vor Weihnachten ihre jüngste Tochter abholen wollte, erkannte sie ihr eigenes Kind nicht mehr. Es war von Kopf bis Fuß neu eingekleidet, auch ein warmer Wintermantel gehörte mit zu der Ausstattung.

Wegen aller Selbstverständlichkeit, sich heutzutage Lebensmittel kaufen zu können, habe ich vergessen, wie sehr unsere Mutter darunter litt, für ihre Familie nichts auf den Tisch stellen zu können. „Es wurde 12 Uhr. Ich wußte nicht, was ich kochen sollte. Ich hatte nichts. Da habe ich geweint." Sehr oft muß dies gewesen sein.

Ich hätte diese Sätze noch aus einem anderen Grund behalten müssen. Es war für mich bei jedem Erzählen faszinierend, daß sie erst um 12 Uhr mittags angefangen hatte zu weinen. Sie mußte den ganzen Vormittag darauf vertraut haben, daß irgend etwas zu essen vom Himmel fallen werde. Und es kamen Geschenke aus heiterem Himmel.

Erst 1949 gaben unsere Eltern die Hoffnung auf, nach Breslau zurückkehren zu können. Weil es ihnen unmöglich war, auf Dauer in einem kommunistischen Staat zu leben, beschlossen sie, schwarz über die Grenze in den Westen zu gehen, erst unser Vater allein, dann die beiden älteren Kinder, dann meine Mutter und ich.

Augen, die viel geweint haben, hatte der Arzt gesagt. Meine Schwester Brigitte und ich müssen diese Beobachtung bestätigen.

Aber es gibt andere Erinnerungen, die wichtiger geworden sind.

Der Gänseweg

Das Krankenhaus liegt in der Stadt, in die wir ein Jahr nach der Flucht in den Westen zogen. Seit über 40 Jahren leben wir in diesem Ort, der vertraut geworden ist: Viele Straßen, Wege, Kreuzungen, Häuser, Gebäude sind Kulisse für Erinnerungen mit Menschen; Parks und Landschaften wurden selbst zu Akteuren. Ich möchte mit unserer Mutter wieder Wege gehen, die sie gern gegangen ist, die wir gern gegangen sind. Es müßte zuerst der kleine Weg am Stadtrand sein.

Sehr bald nach unserem Ortswechsel hatten unsere Eltern den Wiesenweg, einen kleinen Pfad, den sie für sich so genannt hatten, entdeckt. Es wurde Tradition, daß sie ihn nach der Frühmesse am Sonntag gemeinsam gingen.

Bei ihrer Rückkehr wurde das sonntägliche Ritual fortgesetzt. Jeden Sonntag, als sei es etwas überwältigend Neues, teilten sie uns mit, daß sie diesen schönen Weg gegangen seien. Einmal habe ich nachgefragt, was denn an ihm so schön sei. An die Antwort meiner Mutter erinnere ich mich noch: „Komm doch einmal mit", sagte sie und lächelte.

Erst Jahre nach dem Tod unseres Vaters habe ich ihr diesen Spaziergang vorgeschlagen. Um ihr den längeren Anmarschweg zu ersparen, fuhren wir mit dem Wagen.

Meine Mutter zeigte mir das Gras, das rechts und links vor dem Holzzaun wuchs, die Äpfel an den

Bäumen hinter der Hecke. „So viele Äpfel", staunte sie und hielt an, so daß auch ich die Fülle bewundern konnte.
Sie ging weiter, aber schon nach wenigen Schritten blieb sie stehen. Der Blick ging hier frei über Wiesen und Himmel. Sie schien etwas zu suchen oder auf etwas zu warten. Ich folgte ihrem Blick und entdeckte eine Gänseherde. Auf ihrer grünen Mahlzeit unterwegs, bewegten sich die Tiere in unsere Richtung. Jedes ging seinen Weg, mal etwas nach rechts, mal etwas nach links, manchmal auch ein Stück zurück, aber alle gingen gemeinsam. Als sie in unserer Nähe waren und wir ihr leises, unermüdliches Geschnatter hören konnten, sagte meine Mutter nur das eine Wort „Gänse". Ich spürte ihren Blick und wandte mich ihr zu. Ihr Wunsch war leicht auf ihrem Gesicht abzulesen: Ich sollte mich mit ihr an diesem weißen, lebendigen Wunder freuen.
Erst das zweite Mal in meinem Leben sah ich an diesem Tag Gänse aus der Nähe. Unvergessen bleibt die erste Begegnung in einem Dorf, als Riesenkörper mit vorgestreckten Hälsen auf mich zustürzten und ich die Flucht ergriff. Die Erinnerung addierte immer noch weitere Tiere hinzu und zeichnete mich so groß wie sie. Aber ich muß wohl größer gewesen sein, wenigstens ein kleines Stück. Sehr viel Angst hatte ich damals, Angst vor den langen Hälsen mit den weit aufgerissenen Schnäbeln und vor den Erwachsenen, die in der Nähe standen und lachten.
Jetzt, neben meiner Mutter, lernte ich, daß Gänse nicht nur Hälse und Schnäbel, sondern auch Köpfe

haben, kleine Köpfe, aber mit recht großen blauen Augen, die gut unterscheiden, ob sich ein Hund oder Menschen ihrer Wiese nähern. Ich lernte, die Tiere zu hören, ihr leise geführtes Gespräch anzuhören, das ihnen einfach so über den Schnabel zu kommen scheint, das nach Zufriedenheit klingt, nach ein bißchen Selbstvergewisserung, nach ein bißchen Mitteilung an die anderen.
Die breiten Füße waren mit ihnen in die eingeschlagene Richtung weitergelaufen. Die Gänse standen vor uns, reckten die Hälse, um besser zu sehen, wer ihnen einen Besuch abstattete. Sie blieben unsicher, ob sie uns wirklich trauen dürften. Vorsichtig begann eine weiter hinten wieder an dem Gras zu zupfen, dann eine zweite, eine dritte, schließlich alle, bis auf die Wache, die uns im Auge behielt.
In das ruhige Betrachten hinein sagte meine Mutter: „Wir hatten auch Gänse." Es war überflüssig zu erklären, daß sie mit „wir" ihre Eltern, ihre Geschwister, sich selbst meinte. Es schwang kein Bedauern mit, es war nur eine Feststellung, die große Vertrautheit, vielleicht auch etwas Besitzerstolz spüren ließ. Es war etwas, was zu ihrem Leben gehört hatte und hier und jetzt wieder dazugehörte.
Die Tiere hatten sich unmerklich wieder in Bewegung gesetzt, sie entfernten sich in kleinen Schritten und wagten es, uns den Rücken zuzukehren. Meine Mutter sah mich an, lachte.
Dies war für sie erst der Anfang des Weges. Sie verweilte dann am Eingang zu einem Schrebergarten. Ich sah mit ihr die Brombeerranken, die

schnurgeraden Reihen der Beete, die Petersilienbüsche, die Blumenumrandung ... Ich sah mit ihren Augen Einzelheiten. Jede Pflanze, jeder Grashalm schien ihr wichtig zu sein: ein lebendiges Stück Erde.

Wir gingen an einem abgeernteten Getreidefeld entlang, das erst zur Hälfte umgepflügt war. Es kamen ihr Erinnerungen an die Ernte zu Hause: die aufzustellenden Getreidepuppen, der in ihrer Heimat im Sommer fast selbstverständliche Sonnenschein, das Einfahren des Getreides, ihr Vater, der pflügte, die vielen Herbsttage, an denen in der Scheune gedroschen wurde.

Erneut standen wir an einer großen Wiese mit Tieren, die in einer Immer-wieder-erzählten-Geschichte eine gewichtige Rolle spielten. Wir betrachteten die Kühe und wurden von ihnen betrachtet. Wiederum lernte ich sehen: die großen braunen Augen, die wie frisiert wirkende Stirnlocke, die großen feuchten Nüstern, die geschickte, lange Zunge, die ein Grasbüschel umkreiste, die unterschiedliche Verteilung der weißen und schwarzen Flecken, die jedes Tier deutlich vom anderen unterschieden. Und ich lernte hören: das Umschlingen der Grasbüschel mit der rauhen Zunge, das Abreißen, das Kauen, die schweren Schritte, das Brüllen. Jedes Tier hatte seine eigene, unverkennbare Stimme.

„Sie müssen sich doch etwas denken!" hörte ich die Stimme meiner Mutter neben mir. „Vielleicht erkennen sie dich", schlug ich ihr vor. Sie lachte. „Unsere Kühe waren ganz braun. Sie waren immer im Stall."

Da packte eines der schwarzweißen Tiere die verspätete Neugier. Es kam herangaloppiert, als ob es den Zaun nicht gäbe. Meine Mutter zuckte zusammen und wollte ausweichen. Aber das Ungetüm hielt dann doch im letzten Moment an und stand wieder ganz ruhig wie ein Denkmal. Unverwandt sah es uns an. Nur der Schwanz, der sich gegen die Fliegen wehrte, bewegte sich.
Der Schrecken wurde zum Erzählanlaß für ihre Geschichte. „Einmal ist mir eine Kuh auf den Rücken gesprungen. Meine Mutter hat sich sehr erschrocken, als sie in den Stall kam und mich sah. Wenn ich allein war, durfte ich den Kühen kein Futter mehr geben." Sehr oft erzählte meine Mutter diese Geschichte. Hörbar wurde ihre Anerkennung für sich selbst und die Dankbarkeit für die Sorge ihrer Mutter. Jetzt hier draußen vor diesem gewichtigen, schwarzweißen Denkmal, das uns, wenn es den Zaun nicht gegeben hätte, sicherlich überrannt hätte, wurde die Gefahr von damals spürbar. „Du mußt sehr kräftig gewesen sein, daß du so ein schweres Tier hast aushalten können." Die Anerkennung des Zuhörers erhielt angesichts des Ungetüms noch mehr Gewicht und freute sie.
Gern erzählte sie auch von einem Brief, den sie nach ihrer Hochzeit von ihrem Vater erhalten hatte. Er dankte ihr für alle Arbeit, die sie im Gasthaus und in der Landwirtschaft geleistet hatte. Es sei gute Arbeit gewesen, und sie fehle ihnen jetzt sehr ... Zufrieden sah meine Mutter auf das, was sie in ihrem Leben getan hatte.
Damals konnte ich mit ihr den großen Rundweg

gehen. Am Ausgangspunkt angekommen, erkannte sie unseren Wagen. Sie war erleichtert, daß sie das letzte Stück nicht würde laufen müssen.
Wir sind diesen Weg, er hieß für uns nach unserem ersten gemeinsamen Spaziergang „Gänseweg", dann oft zu jeder Tages- und Jahreszeit gegangen. Es gab immer wieder anderes, das für sie Grund zur Aufmerksamkeit, zur Freude und Anlaß zur Erinnerung wurde: die Spatzen, die auf dem Weg hüpften – die großen Krähen, die eindrucksvoll auf dem Feld stolzierten – der Hofhund, der sie an ihre Hunde zu Hause erinnerte – statt der 20 Gänse gab es in der Vorweihnachtszeit nur noch zwei – die kleinen Maispflanzen – die Winteraussaat – der rote Abendhimmel vor uns auf dem Rückweg – der Platzregen, der uns bis auf die Haut durchnäßte, ohne anschließende Erkältung – die kleinen, wolligen, gelben Gänse – das reifende Korn – Hafer, Gerste, Weizen, Roggen – Mohnblumen und Kornblumen wenigstens am Wegrand – Löwenzahn gelb und weiß – die für sie bösen Brennesseln – die Maulwurfshaufen – Karnickel in jeder Größe – die ersten weißen Blüten an den dunklen Sträuchern, die den Weg eng werden ließen, so daß wir hintereinander gehen mußten – Nebel – ganz selten ein Reh – Weiden, die an einem Graben wuchsen – die kleine Brücke – der Mähdrescher – die Pferde, die sie an ihr Pferd mit dem Fohlen zu Hause erinnerten – ein Käfer – Schnee, der alle Vorsicht nötig machte, der leuchtete – Wasserlilien – zwei verirrte Enten im Graben – Steine – Margeriten, ihre Lieblingsblumen – der Mond im blauen Taghimmel – die

sichtbaren Knospen schon im Herbst, für sie so tröstlich, weil es bald schon wieder Frühling sein wird – das Duell von zwei Gänsen – die leere Bierflasche – die Disteln – die Pfützen – der Kondensstreifen eines Flugzeugs, dazu ihre Versicherung, daß sie nie ein Flugzeug besteigen wolle, sie habe zu große Angst vor dem Fliegen – das Heu – die wolligen und kahlgeschorenen Schafe – die Bucheckern – die Zigarettenschachtel – Pflanzen, denen wir selbst einen Namen gaben – die abgerissenen Maiskolben – die Hubschrauber – der gefrorene Grünkohl – die Rauhreifkristalle – der grüne Zweig, der aus dem Baumstumpf wuchs …
Jede kleine Kleinigkeit konnte zum Ereignis werden. Es gab wiederholte Geschichten, aber keine Wiederholungen. Ich lernte verstehen, warum mein Vater Wert darauf gelegt hatte, mit ihr diesen und andere Wege zu gehen.
Sie liebte die warmen Tage und die hellen Stunden, aber auch in der Kälte und bei einbrechender Dunkelheit sah sie Dinge, die ihr gefielen, auf die sie aufmerksam wurde, die lebendig wurden und eine Geschichte bekamen.
An einzelnen Tagen wurde ihr der Rundweg zu lang, wir kehrten einfach um, gingen dasselbe Stück und kamen doch wieder mit anderen Eindrücken zurück. Unmerklich häuften sich die Tage, an denen dieser Spaziergang zu lang wurde, bis schließlich an diesen Rundweg nicht mehr zu denken war.
Unmerklich war auch die Veränderung, daß meine Mutter kaum noch sprach, nur durch einen Blick, eine Geste oder durch ihre Aufforderung

„Sieh doch!“ zu verstehen gab, was sie beschäftigte. Für die Dinge, die sie wahrnahm, versuchte ich Wörter und Worte zu finden. Sie lächelte erleichtert.

Schließlich genügte dann auch ohne ihre Aufforderung der Hinweis durch Dinge und Vorgänge, sie an vergessene Wörter und Sätze zu erinnern. Sie hatte es gern, das Gesehene und Gewesene noch einmal in Sprache zu erleben. Sie wiederholte bestätigend einzelne Wörter oder es gab Antworten in ihrem Gesichtsausdruck. Ihre Äußerungen wurden zu hörbaren und sichtbaren Zeichen der Gemeinsamkeit.

Erst vor wenigen Wochen, bevor sie ins Krankenhaus kam, sind wir mit Brigitte zum ersten Mal diesen Weg gegangen. Viele andere Spaziergänge in unserer Stadt gehörten meiner Schwester und unserer Mutter und uns allen gemeinsam. Wir hatten einen kleinen Rundweg ausfindig gemacht, der zwar immer noch sehr weit war, aber an diesem Tag merkten wir nicht die Müdigkeit. Wir waren so stolz, unseren Gänseweg zeigen zu können.

Nach dem abendlichen Gottesdienst machten wir unseren Spaziergang an diesem wie an den meisten anderen Tagen in diesem heißen Sommer. An Nachmittagen war unsere Mutter für einen Spaziergang zu müde.

Im Wahrnehmen mit allen Sinnen geschah für uns die Fortsetzung dessen, was wir in der Kirche erlebt hatten – der Freude. In den so vielfältigen Dingen, die auch in sich so vielfältig waren, sah meine Mutter eine geschaffene Welt. Während un-

serer Spaziergänge dort sagte sie manchmal einen Satz, der diese Deutung zur Gewißheit werden läßt: „So viel Schönes hat Gott für uns geschaffen.“ Dieser Satz ließ uns gemeinsam schweigen.
In dieser Sicht war für mich ihr Ärgerlichsein über weggeworfene Zigarettenschachteln, Bonbonpapiere, leere Bierflaschen und Dosen mehr als Ordnungssinn. Auch mein Rauchen. Menschen hatten nicht das Recht, das, was so schön war, zu stören.
Als Kritik am falschen Umgang mit der Schöpfung sehe ich ihr Bedauern, daß es keine Korn- und Mohnblumen mehr auf den Feldern gab. Ich erklärte ihr, daß Flüssigkeit gesprüht werde, die diese Pflanzen vernichte. Als wir einmal einen solchen Wagen antrafen, mußten wir vor dem Gestank flüchten. Sie war sich sicher, daß dies nicht gut sein konnte.
Nicht, daß sie eine Liebhaberin von Unkräutern war. Die prächtigen Disteln zwischen den kleinen Mais- und Rübenpflanzen wurden ihr zum Ärgernis. „Wir sind im Frühjahr über das Feld gegangen und haben jede einzeln ausgehackt. Die Pflanzen (das durften nur Mais und Rüben sein!) konnten dann viel besser wachsen“, sagte sie vorwurfsvoll. Pflanzen und Tiere waren für sie da, damit sie sich an ihnen freuen konnte – mit allen Sinnen.
Ich sehe eine Szene noch vor mir. Es muß vor einigen Jahren im Herbst gewesen sein. Wir standen an der Gänsewiese, vertrauensvoll waren die Tiere ganz nah zu uns gekommen, da verkündete sie dem Federvieh: „Weihnachten kommt ihr in den Topf!“ Ich weiß, daß die Tiere dies nicht verstan-

den haben können. Oder doch? Kaum war dieser Satz ausgesprochen, breiteten sie die Flügel aus und liefen, so schnell sie konnten, laut schnatternd davon. Meine Mutter lachte.

Ich möchte diesen Weg wieder mit ihr gehen können. Wenigstens bis zur Gänsewiese.

Das Foto

Das Foto gehörte von Anfang an in unsere Wohnung, die 1950 unser Zuhause wurde. Als Bild gerahmt, stand es auf dem Frisiertisch im Schlafzimmer. Es gibt noch andere Fotos aus der Vergangenheit meiner Eltern, sorgfältig aufbewahrt in einer Holzschachtel, später in einem Album, aber dieses war für meine Mutter das wichtigste. „Mein Elternhaus." Ich sehe sie vor diesem Bild stehen, ich höre ihre Stimme, wie sie die beiden Worte so ausspricht, daß sich Geborgenheit und Sehnsucht mitteilen. Ein Haus belebt mit Menschen: Vater, Mutter, ihre sechs Geschwister, deren Namen, Alter und Eigenschaften wir lernten, die Gäste, Einwohner des Ortes, Fremde, die hier Übernachtungsmöglichkeit fanden.
Unsere Mutter erwähnte die Räume des Hauses: Gaststube, Bierstube, Wohnzimmer, Schlafzimmer der Eltern und die Küche; im ersten Stock der große Saal, die Zimmer der Kinder und die Fremdenzimmer.
Als der „Eiserne Vorhang" durchlässig wurde und nachdem ich Verwandte* von „drüben" bei mei-

* Unsere Großmutter (sie starb 1955) und drei ihrer Kinder mit ihren Familien wollten und konnten nach Kriegsende in Schlesien bleiben. In ihrem Dorf gab es eine ganz einfache Kontrolle, ob jemand berechtigt war, in seinem Haus zu bleiben: Er hatte – so paradox dies für die Aufnahme in einen kommunistischen Staat war –

nen Eltern kennengelernt hatte, lud ich meine Mutter und meinen Vater ein, mit mir nach Polen zu fahren. Beide hatten nicht den Mut und nicht die Kraft dazu, mich zu begleiten.
Bei der Ankunft 1975 erkannte ich das Haus auf den ersten Blick. Dies und kein anderes mußte es sein. Doch beim Betreten des Hauses verlor ich die Sicherheit. Die Räume waren so groß und so hoch, Dimensionen, die in den Erzählungen meiner Mutter keine Rolle spielten.
Die Küche erschien mir fast so groß wie die gesamte Wohnung meiner Eltern im Westen. Ich konnte es mir nicht anders vorstellen, als daß sich meine Mutter in den Räumen, die jetzt ihr Zuhause waren, sehr beengt, bedrängt fühlen muß.
Gut in Erinnerung ist mir auch noch die breite, hohe Treppe, die in den 1. Stock führte, dann der große Saal. Wie in den anderen Räumen wurden für mich hier Erzählungen meiner Mutter lebendig: Der Saal füllte sich mit Tanzenden, mit der Musikkapelle, mit meiner Mutter, die sehr früh, schon mit 12 oder 13 Jahren, tanzen lernte, mit ihren Verehrern, die sie zum Walzer, ihrem Lieblingstanz, aufforderten.

---

das „Vaterunser“ in polnisch zu sprechen. Für unsere Verwandten wie für die anderen deutschen Dorfbewohner war dies keine Schwierigkeit. Für die polnische Minderheit des Dorfes wurde, solange meine Mutter zurückdenken konnte, alle 14 Tage der sonntägliche Gottesdienst in ihrer Sprache gehalten, d. h. auch Lieder und Predigten in polnisch.

Zum Ablaßfest, einem kirchlichen Fest im November zu Allerheiligen, Allerseelen, auch ein Familienereignis mit vielen Verwandten, gab es hier lange Tischreihen mit Streusel- und Mohnkuchen. Es muß eine große Gesellschaft gewesen sein, in der es nicht auffiel, wenn jemand fehlte oder neu hinzukam. Eine Tante, Klosterschwester, von weither angereist, verkleidete ihre 14jährige Nichte Agnes als Ordensfrau und schickte sie zum Sammeln für ihr Kloster in die Verwandtenrunde. Niemand erkannte meine Mutter. Und sie freute sich an ihrer Verkleidung, amüsierte sich, wie achtungsvoll sie behandelt wurde und wie bereitwillig die Herren die Brieftasche zückten und spendeten. Aber meine Mutter war sich sicher, daß sie den Wunsch ihrer Tante, daß ihre Nichte doch eines Tages eine echte Ordensschwester werden würde, nicht erfüllen konnte. Sie wollte heiraten.
An der Wand links vom Eingang muß die Bühne gestanden haben. Einmal im Jahr wurde von Bewohnern des Ortes ein Theaterstück aufgeführt. Meine Mutter hatte, als Jugendliche bis zur ihrer Heirat, die weibliche Hauptrolle zu spielen. Einmal war es sogar die männliche Hauptrolle bis zum Schlußeffekt. Keiner der Zuschauer erkannte sie in dem Burschen eines Leutnants. Ein junges Mädchen hatte sich verkleidet, um bei seinem Verlobten, dem Leutnant, sein zu können. Diesen, wie das Publikum, überraschte das Ende, als unter der im Streit entwendeten Militärmütze die langen, lockigen Haare eines Mädchens, seines Mädchens, herabfielen.

Später werde ich auf der Straße des Ortes von mehreren älteren Leuten – alle sprechen deutsch – angesprochen. Man hat gehört, daß ich die Tochter der Hübner Agnes bin. Man muß mir unbedingt sagen, wie schön meine Mutter früher – das war vor fast 50 Jahren – Theater gespielt hat.
Der jährliche Applaus ließ die Hauptdarstellerin sicher werden, daß sie Schauspielerin werden wollte. Ihre Mutter verbot diesen Berufswunsch, den es dann nicht mehr gab.
Nur Besuche von Theatervorstellungen hat es in der späteren Zeit gegeben, auch schon als Verlobte mit unserem Vater. Beide erzählten uns gern, daß sie sich in Breslau die Operette „Das Dreimädelhaus" angesehen hätten, das ihnen so gut gefallen habe. „Nun haben wir unsere drei Mädel zu Hause", ergänzten sie lachend.
1928 fand ihre Hochzeit in diesem Saal statt, mit der gleichzeitig das silberne Priesterjubiläum eines Onkels meiner Mutter, der meine Eltern auch traute, gefeiert wurde. Leicht kann ich mir meine Mutter als Mittelpunkt unter den vielen Menschen vorstellen, meinen Vater schon sehr viel schwerer. Er hatte nicht gern viele Menschen um sich. Wie sich ihn im Gelächter des Saals vorstellen, weil er bei einem Tanzspiel den in „Pantoffelhelden" umbenannten Sokrates gezogen hatte und er mit einer ihm unbekannten Xanthippe, die seine Füße mißbrauchte, tanzen mußte? Meine Mutter hätte einfach mitlachen können. – Es war dann selbstverständlich, daß die goldene Hochzeit nur im kleinsten Familienkreis mit den beiden Töchtern, der Enkelin und dem Schwiegersohn gefeiert wurde.

Auf Fotos sind die frohen Gesichter der beiden festgehalten. – 1928, nach dem zweistündigen Hochzeitsgottesdienst betraten meine Eltern dieses Haus. Brot, Salz und Wasser wurden ihnen gereicht mit dem herzlichen Wunsch, daß sie in guten wie in schlechten Tagen zusammenhalten möchten. Sie haben es getan.
In den Erzählungen meiner Mutter von ihrem Elternhaus gibt es keine Beschreibungen von Möbeln oder Gegenständen. Möbel wurden nur im Zusammenhang mit Menschen erwähnt. „Wir saßen am Tisch auf der Bank." In der Gaststube gab es einen Musikapparat, vor den meine Großmutter die schreienden Kleinkinder im Kinderwagen stellte, wenn keine Gäste da waren. Das war alles.
Bis auf einen Gegenstand. Eine Herz-Jesu-Figur. „Eine große Herz-Jesu-Figur", wie sie sagte. Eine solche Statue sah ich zum ersten Mal in Werl. Bevor die Basilika franziskanisch einfach umgestaltet wurde, stand ein lebensgroßer Jesus im Nazarenerstil vor einer Säule, in stilisierter Form in Brusthöhe auf dem Gewand das Herz.
Nach dem Gebet vor dem Gnadenbild der Muttergottes mit dem Kind war es Tradition geworden, daß wir alle zu der Herz-Jesu-Figur gingen, meine Mutter dort Kerzen anzündete, aufsteckte. Für jeden in der Familie, für ihre Eltern, für andere.
Es fällt schwer, diese Statue mit der Ernsthaftigkeit, wie unsere Mutter sie sah, zu beschreiben. Allein das Wort „Herz" ist schon schwierig. In der Negation ist es geläufiger: Jemand kann herzlos sein.

Und doch ist es eine gute Erfahrung, wenn jemand ein Herz für einen anderen hat. In dieser Kirche und nicht nur hier war Gott für meine Mutter jemand, der ein Herz für Menschen hat, für uns, für sie. In ihrem Gesicht war zu lesen, daß er sie hörte, ihre kleinen und großen Sorgen, ihren Dank oder daß sie einfach nur da war. Ihr Gebet war Licht, strahlender Dank, Bitte in Dunkelheit, in der es immer wieder hell werden konnte.
Bei meinem Besuch in ihrem Elternhaus stand noch immer die große Herz-Jesu-Figur in einem der Wohnzimmer. Vor der Statue Blumen. Vertrautes, Behütendes ging von ihr aus. Als ob Gott in diesem Haus seinen Platz hätte trotz oder gerade wegen aller Leiderfahrungen, in aller Freude, in allem Alltäglichen.

Das Foto behielt auch in der neuen Wohnung meiner Eltern, in die sie 1970 zogen, einen Ehrenplatz. Es hing im Flur, rundherum weitere Fotos von Menschen, die für unsere Mutter direkt oder indirekt mit ihrem Elternhaus zu tun hatten. Neue Bilder kamen hinzu. Auch Bilder von ihrer Enkelin, gleich vier, und drei von ihrem Urenkel. Auch das Foto von dem Grabstein in B., auf dem die Namen ihrer Tochter und ihres Mannes zu lesen sind. Man erkennt das gemeißelte Bild und die Inschrift, die meine Schwester Maria Jahre vor ihrem Tod, als sie um ihre Krankheit wußte, für sich und uns ausgesucht hatte: das Letzte Abendmahl und der Satz „Die Liebe Gottes eint Lebende und Tote."
Oft stand unsere Mutter gebannt vor dieser Bildergalerie. Zentrum blieb das Elternhaus. „Mein El-

ternhaus", konnte sie sagen. Aber auch die anderen Fotos hatten Bedeutung. Vor vielleicht zwei Jahren überraschte sie uns mit der Aussage „Bilder aus allen Zeiten".

Doch es gab Stunden, in denen sie jede Zeit- und dann zusätzlich jede Raumvorstellung verlor. Nach dem Tod unseres Vaters schlugen wir ihr vor, doch an Brigittes Schulort oder den meinen zu ziehen. Sie lehnte ab. Sie wollte allein in ihrer Wohnung bleiben. Am Wochenende oder in den Ferien würde sie sich über Besuche freuen. Dr. K., ihr Hausarzt, der erst später von unseren Vorschlägen erfuhr, warnte eindringlich davor, seiner Patientin einen Ortswechsel, und sei er noch so klein, zuzumuten. Für uns war es damals unvorstellbar, aber er wußte, daß mit der Zeit ihre Desorientierung, die sich zu dem Zeitpunkt nur in leichter, nachvollziehbarer Vergeßlichkeit zeigte, sich verschlimmern würde und sich bei einem Ortswechsel noch zusätzlich verstärken mußte.

Sieben Jahre nach dem Tod meines Vaters wurde ein Teil der allabendlichen Telefongespräche mit meiner Mutter schwierig und unsinnig. Während der gemeinsamen Wochenenden zeigte sich immer wieder ihre Hilflosigkeit, so daß ich meine Wohnung aufgab und an Schultagen die 90 Kilometer zu meinem Dienstort fuhr. Schritt für Schritt verschlimmerte sich die Krankheit. Unsere Mutter konnte bald auch nicht mehr am Vormittag allein bleiben.

In ihren unberechenbar auftretenden Vorstellungen wiederholte sich eine immer wieder: „Ich will nach Hause gehen."

Für diesen Weg nach Hause, der über 800 Kilometer lang war und der über zwei Grenzen führte, für deren Überquerung ein wochenlang vor dem Grenzübertritt zu beantragendes Visum nötig war, gab es nur eine bestimmte Richtung, die sie einschlug, die ins Stadtteilzentrum. Zunächst auch zu unserer vorherigen Wohnung, dann weiter bis zur Kirche. Diese war der Punkt, an dem sie umkehrte, erkannte, daß sie jetzt in einer anderen Wirklichkeit lebte. Bis auf wenige Ausnahmen.
Ich höre diesen Satz: „Ich will nach Hause gehen" in ihren verschiedenen Stimmungen. Traurigkeit, mit Tränen in den Augen. Trotz, auch Zorn, wenn man nicht sofort begriff, daß man sofort aufzustehen hatte, um sie zu begleiten. Unsicherheit, ob es denn diesen Weg tatsächlich geben würde … Doch am häufigsten strahlende Freude, daß sie bald zu Hause sein könne, bei ihren Eltern, bei ihrer Mutter.
„Ich will nach Hause gehen." Diese Worte ließen keine Gewöhnung zu. Jedesmal von neuem war es so, als ob etwas in mir zerbrach, als ob alles, was wir versuchten – auch Brigitte kam zu uns, so oft sie konnte und mehr als sie konnte –, um unserer Mutter ein Zuhause zu geben, vergeblich sein würde und immer vergeblicher werden mußte.

Nach Schulschluß an einem Tag 1986, dies war in der Zeit, als sie an den Vormittagen noch allein war, traf ich sie nicht zu Hause an. Das hatte es in den letzten Wochen des öfteren gegeben. Wieder einmal mußten alle Erinnerungshilfen versagt haben. Beim gemeinsamen Frühstück und zum Abschied sagte ich ihr die Zeit, wann ich wieder zurück sein würde, dieselbe Zeit schrieb ich auf eine kleine Tafel, die für sie auffällig im Blickfeld lag, dieselbe Zeit stand in einem Brief, den ich ihr jeden Morgen schrieb, in ganz großen Buchstaben, damit sie alles auch ohne Brille lesen konnte.

Solange alle Gedächtnisstützen wirksam waren, traf ich sie immer zu Hause an. Sie hatte mich erwartet, den Tisch für zwei Personen gedeckt, hatte versucht, etwas zu kochen, was ihr in der letzten Zeit immer weniger gelungen war. Eine Suppe, bestehend aus Wasser mit Teeblättern und Eiern, war wirklich ungenießbar. Sie freute sich, wenn ich kam. Die Umarmung zur Begrüßung war selbstverständlich. Wir freuten uns beide. Und dann mußten wir erfahren, wie es dem anderen in der Zwischenzeit ergangen war. Dies waren Fragen, die nicht zur Routine wurden. An Tagen, an denen sich meine Mutter trotz aller Erinnerungshilfen auf den Weg machte, mußte sie, so hatte ich herausgefunden, noch zu Einkäufen, zur Kirche oder auf ihrem Weg zum Elternhaus unterwegs sein. Ich fuhr dann die Strecke bis zum Stadtteilzentrum, den Weg, den sie immer genommen hatte, und traf sie an irgendeiner Stelle. Es gab die Freude des Wiedersehens mitten auf der Straße. Ich konnte ihr keine Vorwürfe machen. Sie hatte das Recht, unterwegs zu sein, wann sie wollte.

Auch an diesem Tag 1986 fuhr ich ihren Weg ab. Ich fand sie nicht. Ich konnte es nicht begreifen. Ich fuhr den Weg noch einmal, hielt an den Geschäften, in denen sie Besorgungen machte, fragte

nach, niemand hatte sie gesehen, hielt an der Kirche, sie war nicht dort, kehrte zu unserer Wohnung zurück. Niemand. Dann die Strecke noch ein drittes Mal. Niemand. Ich rief bei den Krankenhäusern an, bei der Polizei. Man bat mich, mit einem Foto zu kommen und eine Personenbeschreibung abzugeben.
Ich fuhr wieder zurück nach Hause. Niemand. Ich wartete. Ich konnte nichts anderes tun, als mir Vorwürfe und Sorgen zu machen. Vor Tagen – oder waren es schon Wochen? – hatte mir eine Bekannte erzählt, daß meine Mutter auf der vierspurigen vielbefahrenen Straße, die sie überqueren mußte, wenn sie ihren Weg gehen wollte, beinahe von einem Lastwagen überfahren worden wäre, wenn der Fahrer nicht mit aller Kraft gebremst hätte. Sie war bei Rot über die Straße gegangen. Wenn sie mit mir ging, achtete sie sehr gut auf die Ampel. Ich hatte die Information einfach weggeschoben, vergessen …
Irgendwann klingelte es dann an der Haustür. Meine Mutter kam! Sie war wieder da! Weinend klammerte sie sich an mich. Sie zitterte am ganzen Körper. Vielleicht von der Kälte, sie war bei dem kühlen Wetter in ihrem schönsten Kleid ohne Mantel losgegangen, ohne Strümpfe. Vielleicht nach aller Angst, nach aller Vergeblichkeit, ihr Elternhaus zu finden, erlösende Tränen. Ich fühlte mich in der Umarmung wie ein Rettungsanker. Und sie war für mich nach aller Sorge und Angst um sie ein kostbares, lebendiges, einmaliges Geschenk. Obwohl ich nicht das Zuhause war, das sie gesucht haben mußte, gab es doch Wiederer-

kennen und Vertrauen. Sie beruhigte sich nach einiger Zeit und ich mit ihr.
Sie konnte keine Erklärung geben, wo sie gewesen war. Aber sie wurde von Augenblick zu Augenblick gelassener, entspannter, sie lächelte wieder. „Es ist schön hier", sagte sie dann später. Es wurde wieder unser gemeinsames Zuhause, sie fand sich zurecht, erkannte die Räume. Sie fühlte sich wohl. Die Freude über das wiedergefundene Gleichgewicht durfte den Blick auf die nächsten Wochen, Monate, Jahre nicht verstellen. Meine Mutter war nicht mehr in der Lage, die ganzen Vormittage, die ich in der Schule war, allein zu sein. Der Versuch, mit ihr offen über die Sorgen um sie zu sprechen, scheiterte. Sie komme allein zurecht. „Schick mir bloß niemanden her!" Dies war keine Bitte, es war eine Forderung, ein Befehl, dem absolut Folge zu leisten war.
Liebe Menschen haben mit uns ein Spiel für sie aufgeführt, das sie zu glauben schien, das sie uns glaubte, denn sie wiederholte nicht ihren Befehl. Und selbst wenn sie ihn wiederholt hätte, wäre dies für uns Ansporn gewesen, besser zu spielen.
Liebe Menschen kamen „zu Besuch". Ab 10 Uhr war die vereinbarte Zeit. Ich gab ihnen unsere Schlüssel für den Fall, daß meine Mutter noch schlief oder die Klingel nicht hörte. Die morgendlichen Briefe kündigten den Besuch an. Die Bekannten sprachen mit ihr, halfen beim Waschen, beim Anziehen, machten mit ihr Spaziergänge – ich bin sicher, daß sie alle Mitspaziergänger auf vieles Schöne aufmerksam machte –, faßten im Haushalt mit an, lasen die Zeitung mit ihr, be-

trachteten mit ihr Fotos, Bücher, bereiteten mit ihr das Mittagessen zu, aßen mit ihr ... Jeder in seiner ihm eigenen ganz liebevollen, diskreten Art half ihr und uns.

Je mehr andere mit ihr zu tun hatten, um so lieber wurde meine Mutter ihnen. Sie konnten nicht anders als sie gern haben, gern zu ihr kommen.

Und nun konnte sie morgens, ehe ich zur Schule fuhr, erwartungsvoll fragen: „Kommt heute jemand?“ Oder: „Kommt heute Frau K.?“ Frau K. hatten wir erst durch ihre Tätigkeit bei der Caritas-Sozialstation kennengelernt. Sie kam am häufigsten zu uns. Auch in den Ferien mußte meine Mutter Frau K. sehen. Ich werde nicht vergessen, wie meine Mutter sich freute, als wir nach 14 Tagen Ferien Frau K. in ihrem Garten besuchten. Beide umarmten sich.

Doch dann wurde die Zeit vor 10 Uhr auch zur Unruhezeit. Es war der Weg nach Hause, den meine Mutter hatte gehen wollen. Ende November in Pantoffeln, Nachthemd und Bademantel. Meine Mutter hat, so auffällig gekleidet, auf der belebten Straße, auf der zumindest ständig Fahrzeuge unterwegs sind, einen Weg von 20 Minuten, wenn nicht einer halben Stunde machen können, ohne von jemandem aufgehalten zu werden. Erst Frau W., die meine Mutter von der Kirche vom Sehen her kannte, kümmerte sich um sie, bat sie, in den Wagen einzusteigen. Doch sie sträubte sich, sie wollte nach Hause, ohne eine Adresse angeben zu können. Oder hatten doch zuvor schon andere Autofahrer angehalten und dieselbe Auskunft erhalten? Frau W. kam die Vorsitzende der Frauen-

gemeinschaft aus unserer Kirchengemeinde zu Hilfe. Meine Mutter kannte sie, schätzte sie sehr. Sie wußte die Adresse, bat meine Mutter, doch mitzufahren, was sie auch tat.
Als ich nach Hause kam, informierte mich Frau K. Es gab keine Zeit für Gefühle. Meine Mutter hatte den Vorfall schon wieder vergessen. Müdigkeit, Dankbarkeit, Scham, Angst, Geichgültigkeit, Sorge, Hoffnung, Traurigkeit, Freude ... Das Vergessen meiner Mutter ließ all dies unwichtig werden. Für sie war nur das Hier und Jetzt wichtig, daß ich aus der Schule wieder zurück war und daß wir zusammen am Tisch saßen.
Nach dem Mittagschlaf wünschte sich meine Mutter einen Spaziergang. Ich war unsicher, ob wir diesen wirklich unternehmen sollten. Es war draußen kalt geblieben, am Morgen mußte sie schon ganz durchgefroren gewesen sein. Das Risiko, daß sie krank wurde, noch vergrößern? Ich wollte sie nicht an den Vorfall am Morgen erinnern und auch nicht, angesichts ihrer Unternehmungslust, Müdigkeit vortäuschen.
Ich fragte sie, welchen Weg sie gehen möchte. Sie wußte es nicht, wie meistens in der letzten Zeit. Ich schlug ihr den Landspaziergang vor, weil es ein sehr einsamer Weg ist. Ich konnte sicher sein, daß wir niemanden trafen, der in ihr die Frau im Bademantel vom Vormittag erkennen und uns auf das Geschehene ansprechen würde. Es gab noch weitere Gründe. Alle Wiesen und Felder mit den überwiegend für Westfalen typischen, einsamen Bauernhöfen liegen in einem leichten Hügelland. Dieses ähnelt der heimatlichen Landschaft wenig-

stens andeutungsweise. Als ich meiner Mutter den Landspaziergang vorschlug, sagte sie begeistert: „Ja, gern!" Es ist eine Gegend, in der sie gern Spaziergänge machte, aber in der sie nicht bleiben wollte. „Hier möchte ich nicht wohnen. Das wäre mir zu einsam", wiederholte sie oft, wenn wir an einem der abgelegenen Gehöfte vorbeigingen. Was noch für diesen Weg sprach, war die längere Anfahrt. Wir würden nicht so lange in der Kälte laufen müssen, denn für meine Mutter gehörte die Fahrt auch schon zum Spaziergang. Sie freute sich daran, wie schnell und mühelos sie sich mit dem Auto fortbewegen konnte. Mit wacher Aufmerksamkeit verfolgte sie alles, was zu sehen war. Ein Wort teilte mit, was ihre Aufmerksamkeit fesselte. Fahrten ohne meine Mutter hatten ein Ziel, das erreicht werden mußte und dies noch möglichst schnell. Mit meiner Mutter neben mir wurden die gefahrenen Spaziergänge gefüllte Zeit.

Das Warten vor der Bahnschranke auf dem Weg zum Landspaziergang war nicht mehr ein lästiger, unnötiger Aufenthalt, sondern brachte Spannung, wer mit uns dort stand oder uns gegenüber, welcher Zug mit welchen Menschen an uns vorbeifahren würde. Ein Güterzug, ein Personenzug, ganz leer oder mit vielen Reisenden, ein langer Zug, bemalte Waggons, welche Geschwindigkeit? Es war ein variationsreiches Schauspiel.

An dem ersten Haltepunkt, von dem aus unser Landspaziergang unternommen werden konnte, fahre ich vorbei, zum nächsten. Er liegt windgeschützter. Dort das Aussteigezeremoniell: den

Knopf drücken, der meine Mutter von dem Gurt befreit, ihr die Tür öffnen, zum Aussteigen die Hand geben, die Tür verschließen. Meine Mutter greift nach meiner Hand. Voll Schwung und Kraft geht sie neben mir.

Unterwegs beobachten wir einen Streit zwischen drei Krähen, für die wir die lachenden Vierten und Fünften sind. Dann hören wir das Gesangskonzert von Schafen, bei denen wir uns bedanken und die wir auch füttern. „Das macht Spaß. Aber es ist kalt", stellt meine Mutter fest. Wir gehen schnell zurück und fahren nach Hause.

In der warmen Wohnung gibt es heiße Honigmilch und Plätzchen, es ist die „Vesper", wie diese Essenszeit bei uns heißt. Gemeinsam blättern wir dann in der Tageszeitung. Die Schlagzeilen liest meine Mutter selbst, manche laut, deren Inhalt für sie schockierend oder erfreulich ist. Ich überfliege schnell den Inhalt des Artikels, entscheide, ob ich ihr ihn ganz vorlesen soll oder nur den Inhalt erzählen oder ob ich auf das Vorlesen verzichten soll, weil er nicht das enthält, was sie erwartet oder weil die Sachverhalte zu kompliziert sind. Auch Fotos ziehen sie immer wieder an. Wir betrachten gemeinsam Menschen, Tiere, Gegenstände. Sie entdeckt Kleinigkeiten, die ich nicht wahrgenommen habe.

Es kommt der allabendliche Anruf Brigittes, über den unsere Mutter sich immer riesig freut. Auf die Frage meiner Schwester, wie denn ihr Tag gewesen sei, antwortet sie: „Sehr schön." Ich bin froh und erleichtert, daß sie ihr Tagesprogramm mit dieser Wertung zusammenfaßt.

„Um 7 Uhr ist Kirche." Diese Mitteilung läßt für meine Mutter jede Tätigkeit unwichtig werden. „Da möchte ich gehen. Kommst du mit?" fragt sie mich. So oft haben wir jeden Abend denselben Dialog geführt, verwenden fast dieselben Worte, und doch enthalten sie für beide jedesmal neu die Spannung auf die Reaktion der anderen. Meine Mutter müßte längst wissen, daß ich sie mit dem Auto fahre, damit wir vor jeder vermeidbaren Schwierigkeit, Kälte, Dunkelheit, Hitze, Regen, Müdigkeit sicher sind. Sie müßte auch wissen, daß ich sie gern begleiten möchte. Aber die Antwort „Ich komme mit. Wir fahren zusammen", ist für sie jedesmal neu Grund zu strahlender Freude.

Für meine Mutter und mich ist diese halbe, dreiviertel Stunde am Abend gemeinsam mit anderen in der Kirche notwendig. Gottesdienst wurde für uns eine Zeit, die Gott für uns hat, die er uns anbietet.

Es gab Menschen, die uns geholfen haben, diese angebotene Zeit anzunehmen.

1956, als meine Mutter ihre schwere Operation hatte, legte mein Vater das Gelübde ab, wenn seine Frau wieder gesund sei, werde er zweimal in der Woche, zusätzlich zum Gottesdienst am Sonntag, an der Meßfeier teilnehmen. Als mein Vater pensioniert war, begleitete ihn meine Mutter. Nach seinem Tod nahm sie sich jeden Tag die Zeit. Zu jeder Jahreszeit, bei jedem Wetter, selbst bei Glatteis machte sie sich auf den Weg.

Und für mich war es eine Schülerin der 7. Klasse, die im Religionsunterricht begründete, warum sie

regelmäßig an der Schulmesse teilnehme: „Jede Woche tun wir so viele unnütze, überflüssige Dinge. Ich denke, man kann doch eine Stunde am Sonntag und eine halbe, dreiviertel Stunde einmal in der Woche von dieser leeren Zeit wegnehmen und Gott diese Zeit geben. Das ist nicht zuviel."
Das kleine Mädchen brachte mich dazu, selbst regelmäßig in die Schulmesse zu kommen und nicht die Zeit am Schreibtisch mit dem Noch-dreimal-Überlegen des Unterrichts zu verbringen.
Als ich dann wieder bei meiner Mutter wohnte, wurde sie selbst Anlaß und Grund, den täglichen Gottesdienst nicht als Last zu sehen. Sie freute sich so sehr über ihre Zeit in der Kirche, daß sich diese Freude einfach mitteilte. Und eine kleine Hilfe konnte ich ihr sein.
Es war möglich, daß der Geistliche zu leise, zu undeutlich oder zu schnell sprach. Nach dem Gottesdienst wiederholte und ergänzte ich ihr dann das, was mir für sie, für uns an diesem Tag wichtig erschien.
Sie sang sehr gern, aber es fiel ihr immer schwerer, die Lieder aufzuschlagen. Sie wäre dadurch sicherlich nicht in Verlegenheit gekommen, sie hätte trotzdem gesungen oder wenigstens gesummt. Aber wie oft kam es nach dem gemeinsamen Gottesdienst vor, daß sie noch eines der gesungenen Lieder summte und froh war, wenn ich den Text mitsang oder nur den Text für sie sprach. Je schwerer ihr das Verstehen von Gesprochenem wurde, um so mehr freute sie sich über geschriebene Worte, die es ermöglichten, immer wieder zum Anfang zurückzukehren, noch einmal zu le-

sen, sie aufzunehmen. Nicht alles Gedruckte war die Mühe des Wiederholens wert. Aber in den Liedern und Texten des Gottesdienstes fand sie Worte, die leben halfen und Leben gaben.
Noch ein weiterer Grund machte die Begleitung notwendig. Auf dem Rückweg von der Kommunion hatte sie Schwierigkeiten, ihre Bank und ihren Platz wiederzufinden. Ich wollte ihr und anderen ihre Irrwege ersparen.
Zu den Menschen, die uns geholfen haben, die Meßfeier als von Gott angebotene Zeit anzunehmen, zählen auch die Geistlichen, die in der Gestaltung des Gottesdienstes spürbar machten, daß diese Feier für sie keine Routine ist, daß sie selbst nicht wichtig sind, sondern der, in dessen Namen sie sprechen und handeln, daß Gott für sie lebt, daß sein Wort jeden Tag neu und sicherer begleiten und tragen kann.
Hilfe geschah auch durch Mitfeiernde. Meine Mutter freute sich, wenn viele Leute in der Kirche waren. „So leer", konnte sie traurig am Eingang sagen. Aber ganz wichtig waren auch Mitfeiernde, die uns vor oder nach dem Gottesdienst ansprachen, fragten, wie es uns gehe, und erzählten oder auch nur begrüßten: in zuverlässiger Treue ein guter Bekannter, der uns unser kleines Stück Weg begleitete, und eine liebe ältere Dame, deren „Gute-Nacht"-Wunsch meine Mutter ruhiger schlafen ließ.
An diesem Tag begann für mich ein Gebet, das sich dann oft wiederholte. Auf unserem langen und immer länger werdenden Weg vom Eingang bis zu den vorderen Bänken, Schritt für Schritt,

meine Mutter hielt meine Hand wie auf den Spaziergängen, wurde mir die Last der Information, die ich mittags beim Nach-Hause-Kommen gehört hatte, bewußt. Dazu kam eine niederdrükkende Angst vor allem, was die Krankheit meine Mutter noch tun lassen würde. Es ergaben sich Worte, die ich so oder ähnlich gedacht habe, daß ich Gott unsere kleine Dame bringe, daß er versprochen hat, bei uns, mit uns zu sein, daß er ihr helfen wird, ihr und uns. Es kamen Ruhe und Gelassenheit, Angekommensein, Zuhausesein in dieser Gottesdienstzeit und darüber hinaus. Ich kann nicht anders als dankbar sein für das, was ich an Sicherheit, daß Gott dies alles mitträgt, erfahren habe.
Tagelang blieb die Sorge, wie ernsthaft sich meine Mutter durch den Bademantelspaziergang erkältet hätte. Sie bekam nichts, nicht einmal einen Schnupfen. Ich muß nicht erwähnen, wie sehr ich erleichtert war! Und ich muß es trotzdem schreiben. Ich war so froh!
Frau K. und auch Frau R. von der Caritas kamen nun schon um 8 Uhr.
Doch später wurde weitere Hilfe nötig.
Wenn ich früh um 6.30 Uhr zur Schule fuhr, konnte es sein, daß meine Mutter wenige Minuten später aufstand, im Nachthemd und barfuß die Wohnung verließ, ein Stockwerk tiefer ging, dies ist bei uns der Keller, und nach ihrer Mutter suchte, um ihr zu helfen. Wie von ihrem Elternhaus gewohnt, nahm sie keine Schlüssel mit. Nachbarn hatten Ersatzschlüssel, öffneten die Tür, beruhigten meine Mutter, blieben bei ihr.

Zunächst schien es eine Hilfe, daß ich die Etagentür abschloß. Wenn meine Mutter diese Tür verschlossen fand, konnte es sein, daß sie genug Aufgaben in der Wohnung entdeckte, aber es kam auch dazu, daß sie verzweifelt an der Tür rüttelte. Unsere Nachbarn waren von der veränderten Situation informiert, sie schlossen auf, sprachen mit ihr. Ich bin sicher: mit aller Herzlichkeit, mit aller Geduld.

Ein Morgen ist unserer Nachbarin, Frau M., noch in lebhafter Erinnerung. Meine Mutter, sonst sehr wohl zwischen Fremden und vertrauten Familienangehörigen unterscheidend, duzte sie, sagte ihr, von ganzem Herzen erleichtert: „Du hast mich gerettet." Die Zeit bis zum Eintreffen von Frau K. verbrachten beide gemeinsam auf dem Sofa, Bücher und Fotoalben betrachtend, die ich zurechtgelegt hatte. Frau M. erzählte von diesem Morgen nicht als Belastung. Es hatte ihr gutgetan, von meiner Mutter so in Empfang genommen zu werden. So voller Dankbarkeit war unsere kleine Dame gewesen, daß Frau M. alles Für-sie- und Mit-ihr-Sein als Freude hatte erleben können.

Aber trotzdem wagte ich es nicht, als sich diese morgendlichen Situationen häuften, aus der Ausnahme eine Regel zu machen. Wir durften nicht zu einer Zumutung für unsere Nachbarn werden. Zu einer noch größeren Zumutung. Zumutungen waren allein schon die nächtlichen Ausgehversuche.

Einmal nachts gegen 3 Uhr werde ich wach, meinte, etwas gehört zu haben. Es war meine Mutter, die sich zu Nachthemd und Hausschuhen ihren

Wintermantel angezogen, ihre Kleidungsstücke, die sie eigentlich hätte anziehen müssen, über den Arm gelegt und so einen nächtlichen Spaziergang unternommen hatte. „Schrecklich war es draußen“, wiederholte sie nur immer wieder. Sie hatte bei R.s geklingelt, um wieder in das Haus zu kommen. Alle meine Entschuldigungen für die nächtliche Ruhestörung wurden mit Lachen beantwortet. Das sei doch nicht schlimm, man habe sofort weitergeschlafen.

Ein neues Zeremoniell wurde notwendig: Das Verschließen der Etagentür. Ich bat meine Mutter, dies zu tun. Jeden Abend wiederholte ich die zweifache Begründung, daß wir, wenn die Tür nachts verschlossen sei, nicht mit ungebetenem Besuch zu rechnen hätten und daß so auch niemand unfreiwillig nachts einen Spaziergang unternehmen werde. Das letztere sagte ich mit einem kleinen Seitenblick zu ihr hin. Sie schloß die Tür ab und gab mir lachend den Schlüssel.

Ein nächtlicher Spaziergang und direkte Ruhestörung unserer Nachbarn waren auf diese Weise unmöglich geworden, aber es blieben die nächtlichen Ausgehversuche.

Sehr lebhaft muß meine Mutter immer wieder von „zu Hause“ geträumt haben. Und wenn sie nachts aufwachte, mußte die Sehnsucht nach den Menschen, mit denen sie in ihrem Traum zusammen gewesen war, so groß geworden sein, daß sie den Wunsch hatte, diese Menschen auch wirklich zu sehen. Zu oft führte der Weg zu ihnen direkt zur Etagentür. Nachts konnte sie dann meist nicht verstehen, warum sie verschlossen war, und

rüttelte an dieser Tür mit der absoluten Gewißheit, daß sie sich in ihr Traumland öffnen werde.
Oft wurde ich ein-, zwei-, dreimal in der Nacht von diesem Geräusch geweckt. Und unsere Nachbarn sicherlich ebenso. Ich war froh, jeden Tag von neuem, über ihr schweigendes Verständnis. Ihnen jetzt noch zusätzlich die immer häufiger und regelmäßiger werdende Betreuung meiner Mutter in den sehr frühen Morgenstunden zumuten? Das war zuviel. Frau K. bitten? Der Tag würde insgesamt für sie zu anstrengend werden. Wiederum fand sich ein „behütender Engel", der zuverlässig morgens um 6.30 Uhr kam, den meine Mutter gern hatte und der sie gern hatte. Wie kostbar Frau E. in ihrer Zuverlässigkeit war, wurde deutlich, als sie wegen einer Reise verhindert war und die Dame, die ihre Vertretung zugesagt hatte, nicht kam. Ich war unschlüssig, ob ich trotzdem einfach fahren sollte, ich mußte doch fahren, Minute um Minute verging. Frau R., unsere Nachbarin, kam kurz vor 7 Uhr von ihren morgendlichen Besorgungen zurück, ich konnte sie wenigstens informieren, daß unsere Hilfe noch nicht gekommen sei, und fragen, ob sie Zeit habe zu hören … Frau R. sagte ihr „Hören" zu. Wenige Minuten nach meiner Abfahrt war meine Mutter aufgestanden, als ob sie gespürt hätte, daß sie jetzt allein war, und rüttelte an der Tür. Die Zeit, bis Frau K. von der Caritas-Sozialstation eintraf, verbrachte unsere Nachbarin mit meiner Mutter. Beide mögen sich sehr gern. Beide strahlen immer, wenn sie sich sehen. Trotz der Belastung bin ich

sicher, daß es für beide eine frohe Zeit war. Aber noch einmal, die Hilfe durch Nachbarn durfte keine Dauereinrichtung werden. Es durfte keine Verpflichtung sein, morgens so früh aufzustehen, da zu sein, bereit zu sein, sich um meine Mutter zu kümmern, und dies alles auch noch nach einer gestörten Nacht.

Mit den Jahren wurde mir in der Schule eine immer größere Stundenverkürzung genehmigt. Frühe Abfahrten gab es dann nur noch ein- oder zweimal in der Woche.

Lange Zeit hatte meine Mutter die Angewohnheit, alle kleinen und großen Hilfestellungen den Tag über wortlos anzunehmen. Und ebenso wurde zur Gewohnheit, daß sie nach unserem gemeinsamen Abendgebet sagte: „Danke für alles." Oder später auch nur „danke". Dies wurde für mich, und ich bin sicher auch für sie, keine Formel. Jeder Tag mit seinen unterschiedlichen Anforderungen und Bewältigungen war in diesem Dank hörbar. Meine Reaktion auf ihre Zusammenfassung des Tages war spontan immer wieder dieselbe und doch jedesmal neu: die kleine Dame in die Arme zu nehmen.

Wenige Sekunden, höchstens wenige Minuten später schlief sie dann. Meist gegen 10 Uhr.

Ehe ich mich an den Schreibtisch setzte, kehrte ich noch einmal in das Wohnzimmer zurück, um dort noch wenigstens mit ein paar Handgriffen aufzuräumen. Auch ein Buch, ein Album, was sie sich vielleicht gern in der Nacht oder am nächsten Tag ansehen würde, auf dem Tisch vor ihrem Platz auf dem Sofa zurechtzulegen.

Von ihrem Platz auf dem Sofa aus wurde ein Geschenk Brigittes für meine Mutter immer wieder Blickfang: eine kleine Herz-Jesu-Figur auf dem Schrank gegenüber. Sehr oft hat unsere Mutter das, was sie gerade tat, unterbrochen, um diese Figur anzusehen, sehr ernst anzusehen und manchmal zu sagen: „Der liebe Heiland ist bei uns."

Ich danke ihr für diesen Satz, auch hier und jetzt auf der Bank vor der Intensivstation.

Der Fensterausschnitt

Dreimal hat meine Mutter in diesem Krankenhaus gelegen. Jeweils wegen Armbrüchen. Dezember 82, Januar 86, Dezember 89. Die Intensivstation und die Chirurgische Station liegen auf derselben Etage. Von einem Flurfenster aus kann man die Fenster unserer Wohnung sehen, wenn es Winter ist. Von meinem Schreibtisch aus sieht man die oberen Stockwerke dieses Hauses, zu jeder Jahreszeit.

Eine Woche vor Weihnachten, ich wohnte noch an meinem Schulort, hatte ich morgens im Radio die eindringliche Warnung vor Glatteis gehört. Ich rief meine Mutter an, bat sie, heute auf den morgendlichen Kirchgang zu verzichten. Ich höre noch ihr zustimmendes Ja. Dann ihre Bitte, daß ich mir doch nicht um sie solche Sorgen machen solle, und alle guten Wünsche für die Schule, für den Tag.
Als ich mittags aus der Schule komme, ruft Frau V., unsere Nachbarin, an. Ich solle nicht erschrekken, aber meine Mutter sei auf dem Rückweg von der Kirche gestürzt. Der Arm sei so kompliziert gebrochen, daß operiert werden müsse. Zur Zeit werde operiert. Meine Mutter sei sehr gefaßt gewesen. Ich solle mich nicht aufregen.
Ich konnte nicht anders als danken – für die Hilfe, die meine Mutter erfahren hatte, für die sachlichen Informationen, für alle Beruhigung.

Unterwegs Angst und Sorge. Vorwürfe. Ich hätte unsere kleine Dame noch eindringlicher warnen müssen ... Wie wird ihr Herz die Narkose verkraften? Beten? Nicht mehr, als Gott bei uns wissen in aller Angst, Unruhe, Sorge? Mehr als wissen.
Die Chirurgische Station. Eine Schwester informiert mich, daß meine Mutter vor kurzer Zeit dort angekommen sei. Die Operation sei gut verlaufen. Klein und zart liegt meine Mutter in dem hohen, weißen Bett. Sie schläft. Dann, als ob sie die Anwesenheit eines Menschen gespürt hätte, öffnet sie die Augen, sieht in meine Richtung, lächelt, nennt meinen Namen. Ich bin so froh, so erleichtert über ihr Erwachen, ihr Erkennen, ihr Lächeln. Sie wird plötzlich ernst: „Sei mir nicht böse." Ich umarme sie, so gut es in der Lage und mit aller Vorsicht gehen mag. „Ich wüßte nicht, warum ich dir böse sein sollte." Erst später begreife ich, daß sie wohl an meinen Anruf am Morgen gedacht haben muß, vielleicht seit ihrem Sturz auf dem Glatteis bis zur Operation. Sie schläft wieder ein, atmet ganz ruhig. Ich halte ihre linke, heile Hand. In mir ist Freude und Dankbarkeit und ganz viel Zuversicht, daß wir nur Geduld haben müssen, bis sie dieses Bett, dieses Haus wird verlassen und bis sie ihre Hand wieder wird gebrauchen können.
Nach 7 Tagen kann der Gips angelegt werden. Es ist Heiligabend. Brigitte und ich sind Dr. H. so lange auf die Nerven gefallen, bis er die Entlassung gestattet hat. Das, was wir ihr so oft bei den Wanderungen auf dem Krankenhausflur gesagt haben, daß sie bald wieder in das Haus, das wir vom Fen-

ster aus sehen können, zurückkehren wird, wurde Wirklichkeit. Sie, die im Krankenhaus das Bett nicht allein verlassen und nur gestützt gehen konnte, braucht zu Hause keine Hilfe mehr. Ganz selbstverständlich geht sie von Raum zu Raum. Sie ist glücklich, wieder zu Hause zu sein. Schließlich lassen wir sie allein gehen.
Als sie verdächtig lange in ihrem Zimmer bleibt, sehe ich nach, traue meinen Augen nicht. Die kleine Dame ist auf einen Stuhl geklettert, um aus den Schrankfächern ganz oben die sorgfältig versteckten Weihnachtsgeschenke zu holen. Als sie wieder auf dem Fußboden steht, hört sie sich lachend meine Strafpredigt an. Dann muß ich mitlachen. Sie hat ja recht. Es ist nichts passiert. Sie kann wieder auf Stühle klettern und heil wieder auf dem Fußboden ankommen.
Das größte Weihnachtsgeschenk war für uns, daß wir gemeinsam zu Hause feiern konnten. Am nächsten Morgen, bestens ausgeschlafen, möchte unsere Mutter zur Kirche fahren. Dort sucht sie sich ihren Platz in der ersten Reihe vor der Krippe. Es ist für uns drei ein Dankgottesdienst.

Januar 1986. Ein Teil des Stationspersonals erkennt meine Mutter wieder. Man sagt mir, sie habe sehr abgebaut. Es ist keine Operation nötig. Aber die Patientin müsse stationär behandelt werden, und da keine Eingipsung möglich sei, müsse die Stellung des Bruchs immer wieder kontrolliert werden.
Wir setzen dagegen, daß die krankengymnastischen Übungen, darin soll die stationäre Behand-

lung bestehen, auch zu Hause durchgeführt werden können. Eine sehr liebe Masseurin, die sich auch in solchen Übungen auskenne, die auch ins Haus komme, die auch die Mobilisierung des Arms nach dem letzten Armbruch sehr erfolgreich übernommen habe, wolle zu uns kommen, auch an Wochenenden, an denen im Krankenhaus wohl kein Krankengymnast arbeite; auch seien in der häuslichen Umgebung sehr viel mehr indirekte krankengymnastische Übungen möglich; wir bieten an, daß wir, wenn nötig, auch jeden Tag zweimal zur Kontrolle kämen; außerdem sei mit Sicherheit damit zu rechnen, daß sich die Verwirrtheitszustände zu Hause bessern würden.
Dr. B., der neue Arzt, will uns nicht glauben, daß unsere Mutter möglichst bald entlassen werden muß. Immer wieder bekommt er unsere Argumente zu hören.
Der Weg bis zum Flurfenster am Ende des Ganges fällt unserer Mutter, die nicht im Bett liegen soll, schwer. Jeder Schritt ist schleppend und unsicher. Erst nach mehreren Anläufen und Pausen erreichen wir das Ziel, das Fenster. Leicht geht der Blick über die Dächer und findet die bekannte, rote Häuserfront. Wir sind felsenfest überzeugt, daß wir bald wieder zusammen dort sein werden.
Nach vier Tagen dürfen wir unsere Mutter mit nach Hause nehmen. Dort ist sie so erschöpft, daß sie sich hinlegen muß, sofort einschläft. Doch nach dem Schlaf nimmt sie Schritt für Schritt wieder Besitz von ihrer Wohnung. Beim Mittagessen weist sie Handreichungen zurück, die im Krankenhaus absolut notwendig waren. „Das kann ich al-

lein", teilt sie uns überlegen mit. Jedes Allein-Können ist für uns ein kleines Wunder. Und es geschehen immer wieder neue.

Es ist keine Kompositionsüberlegung, daß die Vorgänge, die zu dem zweiten Armbruch führten, nicht dargestellt sind. Ich wußte sie nicht mehr. Brigitte und ich versuchten uns zu erinnern. Wir konnten nicht glauben, daß etwas, was damals so wichtig gewesen war, ausgelöscht ist. Es hat Tage gedauert, bis endlich Stück für Stück die Erinnerung zurückkehrte.

Morgens um 4.30 Uhr werde ich durch laute Geräusche im Badezimmer geweckt. Ich springe auf, sehe nach. Meine Mutter liegt auf der Erde, kann nicht aufstehen. Ich helfe ihr, bringe sie zurück in ihr Bett, bleibe bei ihr. Allmählich beruhigt sie sich, erzählt von einem Traum, der sie im Dunkeln die Badewanne für eine Bodentreppe halten ließ. Dabei sei sie gestürzt. Sie klagt über Schmerzen im linken Arm, erzählt dann wieder ihren Traum. Schließlich klagt sie nur noch über die Schmerzen. Ich helfe ihr beim Anziehen, wir fahren zum Krankenhaus, die Röntgenaufnahme zeigt den Bruch. Wir lernen das Wortungetüm Oberarmkopfhalsbruch.

Uns beschäftigt der Grund unseres Vergessens. Haben wir diese Erinnerung verdrängt aus Angst? Angst, daß sich jede Nacht dasselbe wiederholen könnte? Lieber dies vergessen, als ständig mit dieser Angst leben? Von Nacht zu Nacht wuchs die Sicherheit, daß dieser Vorfall nur eine Ausnahme war, die wir am besten einfach zu vergessen hatten!

1989, sechs Tage vor Weihnachten. An diesem Abend bin ich zu träge, unsere kleine Dame auf eine der Bordsteinkanten aufmerksam zu machen. Zu ungeschickt und zu schwach, als daß ich sie, als sie stolpert, richtig auffangen würde, greife ich nach dem linken Oberarm. Die andere Hand, die den Körper halten will, kommt zu spät. Die Röntgenaufnahme zeigt den Bruch an der Stelle, an der ich versucht habe, sie zu halten. Am nächsten Tag soll operiert werden. Meine Mutter ist müde, erschöpft, sie bekommt eine Spritze gegen die Schmerzen, sie schläft die Nacht. Am Morgen warten wir auf den Operationstermin. Zeitweise weiß sie, warum sie in diesem Bett, in diesem Zimmer liegt, doch dann kommt immer wieder die Frage: „Wo bin ich hier?" Ich erinnere sie an die Bordsteinkante, den Bruch ... Ein EKG wird gemacht, dann erklärt mir der Anästhesist, daß, in Anbetracht des Allgemeinzustandes, nur eine lokale Anästhesie möglich sei, es sei eine Risikooperation. Ich habe zu unterschreiben. Ich darf nicht bei meiner Mutter bleiben. Bis zu der Tür, die zu den Operationsräumen führt, darf ich mitgehen. Es ist 12 Uhr. Ich sage meiner Mutter, daß ich an sie denken werde, für sie bete, streichle ihr Gesicht, ihre Hände. Dann schließt sich die Tür.
Auf der Treppe treffe ich Frau Dr. F., die auch oft die Abendgottesdienste unserer Gemeinde mitfeiert. Sie ist an der Operation meiner Mutter beteiligt. Nein, ich könne wirklich nicht bei der Operation dabei sein, aber sie werde mich anrufen, wenn alles überstanden ist. Ich bin ein Stück erleichtert. Meine Mutter wird jemanden, der ihr vielleicht

trotz der fremden Umgebung vertraut erscheint, bei sich haben. Und es ist jemand, von dem wir wissen, daß ihm Gott wichtig ist.
Zu Hause setze ich mich an den Schreibtisch, von dem aus ich die oberen Stockwerke des Krankenhauses sehen kann, schreibe, bete.
Es kommen Anrufe. Ich bitte, sofort wieder auflegen zu dürfen. Dann kommt der Anruf von Frau Dr. F. Meine Mutter hat die Operation überstanden. Den Umständen entsprechend gehe es ihr gut. Etwa in einer Stunde könne ich zu ihr.
Ich bin erleichtert, von Herzen dankbar. Und doch habe ich immer noch Angst und mache mir Vorwürfe. Das alles wäre nicht nötig gewesen.
Meine Mutter ist in ein Einzelzimmer gelegt worden. Sie ist sehr blaß. Der Raum sieht aus wie ein Sterbezimmer. Irgendwann öffnet sie die Augen, versucht zu lächeln, streckt mir die gesunde Hand entgegen. Ich halte ihre Hand fest, streichle behutsam ihr Gesicht. Sie schließt die Augen, schläft wieder.
Nach den Stunden der Ungewißheit habe ich jetzt die Sicherheit, daß meine Mutter lebt, daß sie sich trotz allem noch über meinen Besuch freuen konnte. Ich bin froh über diese Augenblicke, ganz tief froh und dankbar. Doch voller Sorge verfolge ich jeden Atemzug.
Die drei Tage nach der Operation, die sie im Krankenhaus bleibt, ist es so, als ob es eine Glaswand zwischen uns gäbe und diese sich von Stunde zu Stunde verstärkt, als lebte sie in einer ganz eigenen Welt, in die sie sich immer weiter entfernt, zu der wir keinen Zugang mehr haben.

Auch Frau K., die mich ablöst, ist erschrocken, wie sehr meine Mutter von Stunde zu Stunde mehr verfällt. Fast nur apathisch und kraftlos sitzt sie im Sessel oder liegt im Bett.

Der Operateur beurteilt den Allgemeinzustand der Patientin als gut und ordnet an, daß sie ihr Bett verlassen und Wege auf dem Flur machen solle, nicht mit dem Besuch, sondern mit zwei Krankenschwestern. Aber diese sind überlastet, so daß in den drei Tagen nur ein Weg auf dem Gang möglich ist – und dieser nach offiziellem Dienstschluß. Für den Arzt, es ist derselbe wie vor drei Jahren, sind keine Begründungstiraden mehr notwendig. Die Patientin kann nach der Entfernung der Drainage nach Hause entlassen werden.

Ich weiß heute nicht mehr, warum ich für den Transport keinen Krankenwagen organisiert habe. Ich muß wie unter Zwang gehandelt haben, nur ein Ziel vor Augen, meine Mutter aus der ihr fremden Umgebung so schnell wie möglich in ihr Vertrautes zu holen.

Ich hatte den Wagen vor das Hauptportal gefahren, einen Rollstuhl besorgt und meine Mutter angezogen. Eine Krankenschwester half uns in den Wagen. Ganz langsam fuhr ich die kurze Strecke nach Hause.

Meine Mutter fand zu ihrer Aufmerksamkeit für Dinge außerhalb ihrer selbst wieder zurück. Es war banal, aber für mich erlösend, daß sie eine Beobachtung von sich aus mitteilte: „So viele Autos", als wir an der Ampel warteten.

Vor der Haustür, an die ich so nah wie möglich herangefahren war, wurde mir erst bewußt, welches Wahnsinnsprogramm ich meiner Mutter zumutete. Sie, die fast 24 Stunden nicht gelaufen war, sollte die Schritte bis zur Haustür zurücklegen, die sieben Treppenstufen, dann den mir endlos erscheinenden Weg bis zu ihrem Zimmer, zu ihrem Bett. Till, unser Nachbarjunge, den wir haben heranwachsen sehen, wollte gerade das Haus verlassen. Meine Mutter erkennt ihn, freut sich über ihn. Till beglückwünscht sie zu ihrer Heimkehr, hilft ihr beim Aussteigen. Die Anwesenheit des herzlichen jungen Mannes gibt ihr Kraft, so leicht steigt sie die Treppe hinauf, wie ich es in all meiner Sorge nicht für möglich gehalten habe. Der Weg in ihr Zimmer wird anstrengend, aber geschafft! Ich ziehe ihr den Mantel, die Stiefel aus, dann schläft sie. Brigitte kommt, wir sind ganz leise.

Als unsere Mutter aufwacht, gibt es nicht mehr die Wand zwischen ihr und uns. Ein Satz bestätigt uns in Tonfall und Inhalt ihre Rückkehr, über die sie erleichtert ist: „Ich bin wieder zu Hause!" Schon am nächsten Tag reicht die Wohnung für ihren Bewegungsdrang nicht aus. Wir versuchen, wie die kleine Dame es sich wünscht, unseren ersten Spaziergang draußen. Wir gehen bis zum Ende der Häuserreihe mit ihren vier Eingängen und wieder zurück. Nur wenig Stütze und nur auf einer Seite ist nötig. Heiligabend können wir gemeinsam in die Kirche gehen. Sie freut sich und wir mit ihr. Dieses Jahr Weihnachten feiern wir Ostern, Auferstehung, auch mitten im Leben ...

Daß nach dem Abendbrot die Bescherung stattfinden soll, ist unserer Mutter zuerst peinlich, weil sie für ihre Kinder keine Geschenke hat. Aber dann glaubt sie uns das, für was so schwer Worte zu finden sind, daß sie unser größtes Geschenk ist, daß sie bei uns ist, nicht mehr im Krankenhaus, und daß es ihr besser geht. Wir können nicht anders als unsere kleine Dame, dieses riesengroße Geschenk, von ganzem Herzen umarmen. Es sind Umarmungen, mit denen wir ihr danken und die ihr den letzten Rest von Unsicherheit nehmen. Sorglos, voller Neugier und Spannung schaut sie dann auf das, was für sie ausgepackt wird, was sie selbst auspackt. Es macht Freude, ihre Freude zu sehen.

Zweimal werden Fahrten zum Krankenhaus wegen der Röntgenaufnahmen zur Kontrolle notwendig. Schon im Wagen wird meine Mutter ganz unbeweglich, ganz stumm. Kein Satz, kein Wort ist ihr zu entlocken. Die Wege dort geht sie ganz schleppend. Dann weigert sie sich mit Händen und Füßen, sich auf den Röntgentisch zu legen. Ihre Aggressionen verletzen. Aggressives Verhalten soll mit zu dem Krankheitsbild des geistigen Abbaus gehören. Ich habe es nicht für möglich gehalten, daß uns dies treffen und so sehr treffen würde. Dieser Raum ohne Fenster mit den gigantischen Geräten macht mir zudem Angst.
Plötzlich kommt mir der Einfall, daß dieser Raum, dieser Tisch, diese Deckenbeleuchtung und die Apparate meine Mutter an den Operationssaal erinnern könnten. „Hier wird nicht operiert", versuche ich sie zu beruhigen.„Es wird nur eine Aufnahme von dem Arm gemacht. Das geht

ganz schnell und tut nicht weh. Ich bleibe bei dir.“ Sie jammert noch, aber jetzt ganz leise, macht die nötigen Bewegungen, duldet die Berührung fremder Hände, hält still.
Die nächste Röntgenaufnahme, zwei Wochen später, nimmt sie dann ganz gelassen hin. Das anschließende Gespräch mit Dr. B. erwarten wir voller Spannung. Er ist begeistert von sich selbst, wie gut er operiert hat, von dem abgeschlossenen Heilungsprozeß und von dem Gesamtzustand seiner Patientin. Sie brauche nun nicht mehr wiederzukommen, es sei denn, sie würde wieder nicht aufpassen und wieder fallen.
Meine Mutter hat den Arzt verstanden: „Danke, Herr Doktor. Ich werde aufpassen.“ Sie strahlt ihn an, reicht ihm die Hand.
Mit sicheren, schnellen Schritten verläßt meine Mutter das Sprechzimmer, das Krankenhaus. Sie nimmt mich an die Hand.

Die Poster

Meine Mutter hat ihr gegebenes Versprechen nicht einhalten können. Februar 1991 stürzte sie in ihrem Zimmer. In ihrer Mittagsschlafzeit. Ich habe geschlafen, von dem Fall nichts gehört. Eine Stunde lang, so die nachträgliche Rekonstruktion, muß sie dort gelegen haben. Sie kann sich nicht einmal mehr aufsetzen. Sie stöhnt vor Schmerzen, meint, daß sie sterben werde. Ganz vorsichtig lege ich ihr ein Kissen unter den Kopf, decke sie zu, sitze bei ihr auf der Erde. Ein wenig beruhigt sie sich dann, sagt auch, daß sie nicht wisse, wie alles geschehen ist. Wir sehen keine andere Möglichkeit als den Krankenwagen, das Krankenhaus, Röntgen. Sie hat nichts gebrochen. „Nur" Prellungen, die so schmerzhaft sind, daß sie nicht laufen kann. Dies sei kein Fall für das Krankenhaus. Die Schmerzen würden erst schlimmer, dann nach und nach geringer werden. Ein paar Wochen würde es dauern.

Wir sind sehr froh, daß wir dieses Gebäude so schnell wieder verlassen können, aber andererseits weiß ich nicht, wie wir die Pflege bewältigen sollen. Doch es ist Freitagabend. Brigitte ist da, als wir heimkommen.

Sie ruft Dr. K., unseren Hausarzt, an. Vielleicht kann er doch etwas tun. In den letzten zwanzig Jahren haben wir Dr. K. schätzen gelernt. Er stellte keine Diagnose um der Diagnose willen, wenn die Untersuchung für meine Mutter nur eine unnötige Beunruhigung oder Belastung bedeutet hätte oder eine Behandlung doch nicht möglich gewesen wäre. Wie oft hat er seine Patientin nur „abgehorcht", statt seine komfortable Röntgenapparatur in Gang zu setzen. Er verschrieb Medikamente, die nicht unnötig strapazierten, aber halfen. Trotz seines Alters und seiner langen, anstrengenden Sprechstunden kam er zum Hausbesuch. Eine Blutabnahme, ein EKG konnten zu Hause gemacht, auch Spritzen gegeben werden. Frau B., seine Sprechstundenhilfe, entlastete ihn mit großer Sachkompetenz und ganz liebevoll bei solchen Aufgaben. Thema wurde bei allen Besuchen von Dr. K. nicht nur die akute Krankheit, sondern auch das, was meine Mutter unternommen hatte, unternehmen würde, auch was ihr und ihm Freude machte, so die Blumen in der Wohnung. In der Gegenwart unserer Mutter sprach er mit ihr, nicht über sie. Immer wieder ergaben sich mit ihm Gespräche über den Glauben. Einmal, als er bei meiner Mutter eine schwere Lungenentzündung festgestellt hatte, sagte er mir, daß er nicht wisse, ob sie diese überstehen werde, „aber wir können beten".

Dr. K. gibt meiner Mutter die Hand. Eine Salbe hat er als Ärztemuster für sie mitgebracht. Auch Spritzen werden helfen. Sie solle die Beine möglichst viel bewegen, trotz der Schmerzen, das könne man auch im Liegen tun. Er zeigt die Übungen, die er sich vorstellt. Es sei nötig, daß sie sich immer wieder auf die Bettkante setze, auch versuche aufzustehen, vielleicht ein oder zwei Schritte mache. „Trotz allem, was wir tun können, müssen wir ganz viel Geduld haben, aber Geduld haben Sie und ich in unserem langen Leben gelernt." Er schreibt Rezepte für die Spritzen und auch für krankengymnastische Übungen. Auf der Schreibplatte entdeckt Dr. K. Briefe, die unsere Mutter erhalten hat. Sie freut sich über seine Anerkennung, daß sie so viel Post bekomme. Morgen werde er wieder vorbeischauen. Er wisse noch nicht wann, vorher werde er anrufen. Seiner Patientin wünscht er eine gute Nacht. Auf dem Flur spricht Dr. K. die Gefahr der Thrombose an. Auch dagegen sind Spritzen verordnet, aber wichtig wäre jede Bewegung, auch wenn sie schmerze. Sicherlich werde Frau E., unsere Masseurin, wieder wie bei den Armbrüchen helfen.

Brigitte übernimmt das Telefongespräch. Frau E. ist bestürzt über das, was geschehen ist. Unsere Mutter tut ihr sehr leid. Ganz liebe Grüße soll Brigitte ihr ausrichten, morgen vormittag werde sie kommen. Frau E. ist jemand, dessen Achtung und Zuneigung die kleine Dame behalten hat – trotz der wachsenden Verständigungsschwierigkeiten. Als unsere Mutter ihr einmal für alle Dienste danken wollte, konnte sie kein Wort sagen. Sie fand ihre Lösung. Sie streichelte das Gesicht von Frau E., und Frau E. verstand und war sehr bewegt von dieser Geste.

Die „gute Nacht", die Dr. K. gewünscht hat, wird anstrengend. Dreimal muß meine Mutter aufstehen. Allein kann sie sich nicht einmal aufsetzen. Abends habe ich sie allein aufrichten können, ich muß es tun, trotz ihrer Schmerzen, trotz ihrer lauten Klage. Diese Augenblicke müssen wir einfach überstehen. Nach jeder Bewegung kann sie wieder lächeln, die Schmerzen sind wieder erträglich. Aber in der Nacht ist sie so steif und schwer, daß ich es nicht allein schaffe. Brigitte hilft. Doch am Morgen steht fest, daß wir eine Nachtwache für die Nächte finden müssen, in denen Brigitte an ihrem Schulort ist. Ich gebe eine Annonce auf: „Nachtwache für drei Wochen gesucht. Dringend." Wir haben dies mit unserer Mutter besprochen, aber für sie ist der Augenblick wichtiger, was jetzt getan werden kann, was sie jetzt tun möchte. Am Montag, an dem die Annonce in der Zeitung steht, kommen ab 6.30 Uhr 40 Anrufe, am nächsten Tag noch acht. Jetzt nimmt meine Mutter Anteil und lacht mit mir über meinen Anzeigentext. Meine Kinder in der Schule dürften nicht wissen, was ich da angestellt habe. Fast 3/4 der Anrufer sind männlich, die annehmen, daß es bei uns ein „Objekt", zumindestens eine Fabrik, zu bewachen gäbe. Ich notiere Namen, Telefonnummern, Angaben der AnruferInnen, die den Text so verstanden haben, wie er gemeint war. Ich verspreche, bis um 14 Uhr zurückzurufen, falls ich ihre Hilfe in Anspruch nehmen möchte. Um 14 Uhr sind wir sicher: Frau S. werde ich anrufen. Sie hat eine Ausbildung als Sprechstundenhilfe, ist Mutter von 2 Kindern, ihr Mann wird in der Nacht bei den Kindern sein, ihre Schwiegermutter morgens für die Kinder sorgen, so daß die ungewöhnliche Zeit von abends 10 Uhr bis morgens um 8 möglich sein kann. Die Stimme von Frau S. ist einfühlsam, und trotzdem wirkt sie zupackend. Als ich Frau S. zusage, möchte sie vor Beginn der ersten gemeinsamen Nacht meine Mutter kennenlernen, tagsüber mit einem Fremden konfrontiert zu werden, sei sicherlich für eine ältere Dame weniger belastend. Ich bin so froh, so erleichtert, daß wir jemanden gefunden haben, der sich in meine Mutter so gut hineinversetzen kann. Und Frau S. hat immer wieder neue Ideen. Sie bietet uns an, sie beim Vornamen zu nennen – der Vorname ist für meine Mutter leichter zu behalten. Seitenweise könnte ich weiterschreiben über das, was Elke an medizinischer, pflegerischer und immer wieder menschlicher Hilfe einfiel. Auch nach ihrer Wachzeit bei uns sorgte sich Elke weiter um unsere kleine Dame.

Frau K. und Frau R. von der Caritas muß ich von dem Sturz meiner Mutter informieren. Auch hier wären seitenweise Schilderungen nötig für das, was beide taten – mit Geduld, Fantasie, Geschicklichkeit, Kraft und ganz viel Liebe – um meiner Mutter zu helfen, die Situation als weniger belastend zu empfinden.

Nachbarn und Bekannte erfahren, was geschehen ist. Das Zimmer meiner Mutter wird zum Zentrum der Wohnung. Die ersten Schneeglöckchen des Jahres von Frau R. hält die Kranke lächelnd in der Hand, berührt vorsichtig die Blüten. Das rheinische Temperament von Frau M. füllt den Raum. Auch über die Umarmung bei der Begrüßung und beim Abschied freut sich unsere kleine Dame. Hilfe wird angeboten, die wir dann so selbstverständlich, wie sie angeboten wird, in Anspruch nehmen können. Als ich an einem Nachmittag meiner Mutter nicht allein beim Aufstehen helfen

kann, faßt Anke R., die Tochter unserer Nachbarin, mit behutsamer Kraft und Herzlichkeit zu.
Für fast drei Tage besucht uns Edith, meine ehemalige Schülerin, die vor Jahren bewirkt hatte, daß ihre Klassenlehrerin regelmäßig am Schulgottesdienst teilnahm. Auf dem Weg von ihrem Heimat- in ihren Studienort unterbricht sie wie so oft die Fahrt, wie andere meiner „Kinder", die meine Mutter auch liebgewann. Ein Bild aus diesen drei Tagen ist ganz lebendig in der Erinnerung.
Ich sehe unsere kleine Dame und Edith nebeneinander sitzen. Sie blättern in einer Sammlung von Heiligenlegenden, einer Ausgabe für Kinder, die meine Mutter bei einem unserer häufigen Besuche in der Buchhandlung für sich entdeckt hat. Die Texte enthalten verständliche historische Angaben und verdeutlichen knapp auf ein oder zwei Seiten, warum diese Biografie behaltenswert ist. Bilder wiederholen jeweils eine Situation des erzählten Lebens. Meine Mutter bestimmt das Lese- und Betrachtungsprogramm, auf das Edith eingeht. Oder beide schweigen nur einfach. Ein Dritter würde nur stören. Ich sehe sie auf einer Insel der Gelassenheit, der Ruhe, der Freude an diesen Geschichten und Bildern und über den anderen neben sich. Es fällt uns schwer, Edith wieder fahren zu lassen. Post wird kommen, für uns beide.
Schon am Samstagmorgen nach dem Sturz, dann jeden Morgen gleich nach dem Aufwachen äußert meine Mutter dieselbe Bitte: „Ich möchte in die Kirche gehen." Erst nach den Schmerzen beim Aufrichten glaubt sie uns, daß sie doch erst noch gesund werden muß.

Wir bitten Pastor T., den meine Mutter seit 1959 kennt und der für sie in den langen Jahren so vertraut wie ein Sohn geworden ist, uns die Krankenkommunion zu bringen. Es ist Samstagabend. Den kleinen Wohnzimmertisch stellen wir in das Zimmer meiner Mutter, legen auf ihn eine weiße Decke. Brigittes Blumenstrauß setze ich von der Schreibplatte auf den Tisch. Auch die Kerze. Unsere Mutter verfolgt aufmerksam die Vorbereitungen. Den Platz, an dem die Kerze stehen soll, bestimmt sie. Dann möchte sie sitzen. Als die Schmerzen überstanden sind, bleibe ich bei ihr auf der Bettkante. In unserem Blickfeld hängt das Kreuz, unser erster und lange Zeit einziger Wandschmuck in der ersten Wohnung im Westen. Nach allen Aktionen den ganzen Tag über kommt mit der Ruhe jetzt auch die Angst vor den endlosen Wochen des Eingesperrtseins, vor allen Möglichkeiten, Fehler zu machen, vor aller Verantwortung, vor aller Schwäche. Meine Mutter nimmt ihr kleines Gebetbuch. Wir sprechen gemeinsam den Text, den sie sich aussucht. Dann schweigen wir.

Pastor T. kommt. Wir feiern die Krankenkommunion, wie wir sie in den Wochen vor dem Tod unseres Vaters in dieser Wohnung gefeiert haben. Mit allen einfachen, vertrauten Gebeten. Vor uns auf dem Tisch liegt dieses Stück Brot, Gott, der Leben schenken will. Leben in Fülle.

In dieser Feier wird für uns das Wirklichkeit, von dem die Texte der Poster sprechen, die wir unserer Mutter am Vormittag an die Schrankwände ihres Zimmers geklebt hatten – sie sollte, wenn sie im

Bett lag, nicht das kahle Holz anstarren müssen. „Die auf Gott vertrauen, schöpfen neue Kraft" (Jes 40,31). Ein anderes Poster zeigt einen Sonnenaufgang. In ihn ist der Refrain eines Gedichts von Dietrich Bonhoeffer geschrieben, das wir in ökumenischen Gottesdiensten gelernt hatten: „Von guten Mächten wunderbar geborgen, erwarten wir getrost, was kommen mag. Gott ist mit uns ..."

In den folgenden sieben Wochen, in denen meine Mutter nicht das Haus verlassen konnte, kam Pastor T. zur Krankenkommunion zweimal in der Woche, Donnerstag und Sonntag.

Nach dieser Zeit haben wir die Poster nicht abnehmen können. Sie waren und sind Teil dieses Zimmers, unseres Alltags geworden.

Das Gästebuch

Es gibt so viele Menschen, die meine Mutter gern hat und die sie gern haben. Nur ganz wenige wissen davon, daß sie jetzt im Krankenhaus sein muß, auf der Intensivstation. Die Bitte an die wenigen um ihr Gebet … Menschen, die meine Mutter vielleicht noch gern gesehen hätte, jetzt noch gern hören, bei sich spüren möchte?
Wie sehr hat sie sich gefreut, als Brigitte und ich an ihrem ersten Tag im Krankenhaus abends zu ihr gelassen wurden. Sie hat kein Wort gesprochen, sie war nur Freude. Als ob sie die Schläuche, die tickenden Apparate um sie herum nicht wahrnähme, nur uns. Sie war müde und wurde müder, aber ihr Gesichtsausdruck teilte mit, daß sie uns bei sich wußte. Es gab da noch die Hoffnung, daß die Bluttransfusion helfen könnte.
Und wie sehr freute sie sich dann über Vikar R. Er kam, um ihr die Krankensalbung zu spenden.
Im Gemeindegottesdienst hatte sie ihn erfahren als jemanden, der von dem und zu dem sprach, der ihr so wichtig war, in bemüht deutlicher Sprache, jemand, der ihr von ihrem Gott mitteilte, von seiner Liebe, Unendlichkeit und Nähe, Vertrauen, Freude, Trost, ein Gott, vor dem das Herz weit wird und sprechen kann, von Bitten, Fragen, die wir ihm anvertrauen können, um die er weiß.
Sie hatte erfahren, daß Vikar R. die Liebe Gottes für sie spürbar lebte: Er bemerkte, wenn sie in den letzten Monaten nicht den Weg von ihrer er-

sten, zweiten oder dritten Bank nach vorn zur Kommunion gehen konnte, und kam zu uns. In Begegnungen außerhalb der Kirche hatte sie erfahren, daß sie bei ihm nicht sprechen mußte, daß es Verständigung ohne Worte gab und Zeichen seiner Wertschätzung für sie.
Andere Menschen …
Ich kann niemanden mehr benachrichtigen. Es gibt immer noch die Hoffnung – trotz aller Fakten. Ich brauche die Kraft für jeden Augenblick, den man mich zu ihr läßt.

Menschen, Besucher … Gäste bei uns zu Hause … Es gibt ein Gästebuch. Brigitte schenkte es unserer Mutter zum 80. Geburtstag. Es sollte helfen, sich häufende Gedächtnislücken, besonders für die nahe Vergangenheit, zu füllen. Unsere Mutter las immer wieder gern die Eintragungen, die sie und uns betrafen.
Es sind Eintragungen, die Erinnerungen lebendig werden lassen.

Besuche von Verwandten …
Bettina, Gerd und Philipp – die Familie ihrer Enkelin in der fernen Großstadt.
Auch in treuer Regelmäßigkeit findet sich die klare, große Schrift ihres Schwiegersohns. Es waren Worte, die unserer Mutter sichtlich guttaten, weil Gott in ihnen Platz hatte.
Noch vor einem Monat kam ihre jüngste Schwester mit ihrem Sohn, der 1979 in Schlesien zum Priester geweiht wurde. Mit Pastor T. hatte unsere Mutter zur Priesterweihe und Primiz in ihre Hei-

mat fahren können. In der Begegnung vor Wochen war es für beide Schwestern schwer, in dem anderen den zu erkennen, den sie sich vorgestellt hatten. Es tat unserer Tante weh zu sehen, wie langsam unsere Mutter aß. Für uns war es nichts Besonderes mehr. Wir waren es gewohnt, daß die Mahlzeiten lange dauerten, und froh über jedes Stückchen, das unsere Mutter essen mochte. Obwohl Briefe das ganze Jahr über die Erinnerung an unsere Verwandten in Schlesien mit ihren politischen, wirtschaftlichen und persönlichen Problemen wachhalten konnten – jeder Brief mit den fremden Briefmarken wurde zum Ereignis – obwohl wir versuchten, durch Fotos und Erzählungen die Erinnerungen zu stützen, wurden diese Menschen, wenn sie dann vor meiner Mutter standen, doch eher zu Fremden.

Die wirtschaftlich bedrängte Lage dieser Verwandten wurde Anlaß zu Paketgroßaktionen, vor allem vor Weihnachten. Diese „Weihnachtsbescherung" blieb für unsere Mutter ein Anliegen, auch als sie nicht mehr in der Lage war, diese Aktion allein zu unternehmen. Der Großeinkauf, aus den Regalen auszuwählen, herauszunehmen, abzuzählen, machte ihr Freude. Der Einkaufswagen wurde zur Gehhilfe. Lächelnd stand sie vor den Unmengen, die auf das Fließband und wieder zurück in den Wagen wanderten. Ihre Hilfe war ganz wichtig: Sie bewachte das Geld. Nach Hause zurückgekehrt, setzte sie sich auf ihren Platz auf dem Sofa und sah mit Vergnügen, wie der große Wohnzimmertisch, ganz ausgezogen, zum Warenlager wurde. Wenn unsere kleine Dame Lust dazu hatte, holten wir die Kartons gemeinsam aus dem Keller und packten gemeinsam ein. Ganz gerecht mußten die Lebensmittel verteilt werden. Gern wanderte unsere Mutter an den verschnürten Paketen vorbei und las die Namen der Adressaten und den ihren als Absender. Gern begleitete sie Brigitte oder mich zu dem Transportunternehmen, hörte, wie schnell die Pakete in der Heimat sein würden. Der zuverlässig eintreffende Dank machte ihr Freude.

Gehäuft finden sich Eintragungen im Gästebuch am 2.12., dem Geburtstag unserer Mutter.
Zu den treuen offiziellen Gästen zählten die Vertreterinnen der Frauengemeinschaft unserer Kirchengemeinde.
Unsere Mutter schätzte die Tradition des gemeinschaftlichen Gottesdienstes der Frauen am Herz-Jesu-Freitag, dem 1. Freitag im Monat. Für diese Meßfeier konnte sie selbst die dringendste Arbeit stehen und liegen lassen.
Erst nach dem Tod unseres Vaters bot sie dieser Gemeinschaft ihren Dienst an. Die Vorsitzende schlug ihr vor, Bewohner des Altenheims der Gemeinde, die keinen oder kaum Besuch bekämen, regelmäßig zu besuchen. Dies wurde eine Aufgabe, die sie erfüllte, wie sie selbst sagte. Frau G., eine 99jährige Dame, lud sie auch zu uns ein, machte mit ihr einen Spaziergang. Zu ihrem 100. Geburtstag waren meine Mutter und ich eingeladen. Frau G. bestand darauf, daß meine Mutter sich bei der großen Feier neben sie setzte, weil sie immer ganz treu jede Woche zu ihr komme. Diese Aner-

kennung tat meiner Mutter gut. Beide müssen gern zusammengewesen sein. Ihnen beiden gemeinsam war die Fähigkeit zur Freude. Frau G. sah kaum noch etwas, aber sie freute sich an dem, was andere ihr an Schönem erzählten.

Große Bedeutung hatte die Frauengemeinschaft für unsere Mutter aber auch wegen der Feste. Bei jedem Fest wurden Sketche aufgeführt, Theater, wie meine Mutter sie nannte. Ganz begeistert von ihren Theatereindrücken kam unsere Mutter nach Hause und erzählte. Die kleinen Szenen wurden lebendig, Pointen spielte sie selbst vor. Grenzenlos bewunderte sie Frau A., deren Auftritt allein schon wahre Begeisterungsstürme hervorgerufen haben mußte. „Frau A. spielt so gut! Du müßtest sie sehen!" Beim Ehrenkaffee im November 1991, als auch meine Mutter für ihre 60jährige Mitgliedschaft geehrt wurde, verfolgten wir das Geschehen auf der Bühne und mußten unsere Eindrücke austauschen. Ein, zwei Worte, ein Blick, gemeinsames Lachen, gemeinsamer Ernst ... wie bei anderen Theateraufführungen und auch Konzerten in unserer Stadt, in meiner Schule.

Doch einen größeren Raum als Veranstaltungen außer Haus nahm das Fernsehprogramm in unserer Abendgestaltung ein. Die Reaktionen unserer Mutter gaben Brigitte und mir Richtlinien für die Auswahl.

Spannend hatte sie es gern. Sehr gern auch lustig, mit Zielsicherheit auf eine glückliche Lösung zusteuernd.

Durch Zufall entdeckten wir, daß sie auch Fußballspiele gern ansah. Sie wurden Anlaß, sich an einen ihrer Brüder zu erinnern, der sich für diesen Sport begeistert hatte.

Aber besonders fasziniert war sie von Filmen, die historisch waren, vor allem auch über den 1. Weltkrieg und das Dritte Reich. Diese Sendungen wurden Anlaß zu erzählten Erinnerungen. Immer wieder sagte sie, wie froh sie sei, daß dieses Schreckliche überstanden ist und daß so etwas nie wieder geschehen darf.

Nachrichten und politische Sendungen waren ihr wichtig. Sehr engagiert sehe ich sie die Wahlergebnisse nach ihrem Gang zur Wahlurne verfolgen. Filmausschnitte von Kriegsschauplätzen erschreckten sie immer wieder neu und weckten ihr Mitgefühl für die Menschen. Ursache und Anlaß der Kriege spielten für sie eine sehr untergeordnete und schließlich keine Rolle mehr. Kriege, Flucht, gewaltsamer Tod waren für Menschen entsetzlich. Auf die Durchlässigkeit, dann die Öffnung der östlichen Grenzen reagierte sie mit Staunen und Erleichterung. Es würde die „Ostzone", die Bezeichnung DDR hatte sie sich nie angeeignet, nicht mehr geben.

Leider nur am Rande, da sehr spärlich im Angebot, standen Sendungen mit religiösem Inhalt. Als ein Jahr in Fortsetzungen ein Film über das Leben Jesu gesendet wurde, mochte sie keine der Fortsetzungen versäumen.

Daß ihr Tierfilme Freude machen würden, war nicht schwer zu erraten. Mit ungeteilter Aufmerksamkeit verfolgte sie das Verhalten der Tiere, jeden Einzelgänger und jedes Beziehungsspiel. Sie freute sich an der Schönheit der Tiere, und waren

sie auch noch so klein. Bilder von einem Schmetterling und ihre Bewunderung für die bunten Flügel und die zarten Fühler sind mir noch in Erinnerung, als laufe der Film jetzt vor uns.
Die Geburtstage unserer Mutter ...
Zu Lebzeiten unseres Vaters war der kleinste Familienkreis selbstverständlich. Erst die besondere Zahl 80 half uns, die Gewohnheit zu ändern. Und es stellte sich heraus, wie sehr sich unsere Mutter freute, Mittelpunkt von vielen Menschen zu sein. In unserem kleinen Wohnzimmer mußten 15 Gäste Platz finden. Unsere kleine Dame thronte still vergnügt und stolz zwischen allen, die sich um sie und um die anderen bemühten.
Der 85. Geburtstag, wenige Tage nach ihrem Spaziergang im Bademantel, wurde dann außerhalb unserer Wohnung in einem der ältesten Häuser unserer Stadt gefeiert.
Entdeckt hatte ich die Vorliebe meiner Mutter für dieses Haus bei der Einladung eines Besuchs aus Frankreich. Unsere kleine Dame genoß sichtlich den deutsch-französischen Abend im Restaurant, den Raum, die Gespräche, das Essen, die freundliche Bedienung ... Jedesmal, wenn wir später an diesem Haus vorbeifuhren, erinnerte sie sich mit einem zufriedenen Lächeln: „Da haben wir gesessen."
Für den 85. Geburtstag plante ich meine erste Rede für meine Mutter. Wochen vorher überlegte ich mit ihr, was ich denn jedem unserer Gäste sagen könnte. Es kam das zur Sprache, was ihr in den langen gemeinsamen Jahren Freude gemacht hatte. Es wurde ein Dank an jeden.

Ich sehe unsere kleine Dame noch beim Apéritif inmitten der Geburtstagsgäste stehen. Ihr Gesicht, ihre Haltung vermitteln Dankbarkeit, Stolz, Freude. Und wir freuen uns mit ihr.
Die zweite Überraschung für alle wurde eine Diaserie der „Bilder aus allen Zeiten", die unsere Mutter so gern ansah. Sie konnte am Tischgespräch kaum teilnehmen, sie war Mittelpunkt, aber schweigender Mittelpunkt. Schweigen, das ihr schwerfallen konnte. Die Bilder sollten ihr diese Last nehmen. 85 Jahre waren jetzt nicht nur eine Zahl, sondern anschauliche Orte, Geschehnisse, Menschen, und ganz wichtig: derselbe Mensch zu verschiedenen Zeiten. Unsere Mutter betrachtete gebannt, erkannte, lächelte, wurde ernst, strahlte.
Als ich mit ihr nach der Beendigung der Feier in unserem Wagen saß, Brigitte fuhr einige Gäste heim, umarmte sie mich und sagte aus vollem Herzen: „Das war so schön!" Dies war so viel an ausdrücklichem Dank, wie wir es gar nicht erwartet hatten.
Es konnte gar nicht anders sein, als daß die folgenden Geburtstage ebenfalls „außer Haus" gefeiert wurden.

Zahlreiche fremdsprachliche Eintragungen finden sich im Gästebuch. Polnisch, Englisch, Dänisch, Spanisch, auch Lingala und Tschiluba, zwei Stammessprachen aus Zaïre, und viel Französisch. Bis auf die Sätze jüngerer Verwandter aus Polen haben wir alle fremdsprachlichen Erinnerungen Menschen zu verdanken, die uns durch die Tatsache, daß sie an Gott glauben und von ihrem Glauben mitteilten, so schnell vertraut wurden. Unter ihnen sind auch Priester und Ordensleute. „Fremde" wurden zu Angehörigen, die unserer Mutter etwas von dem schenkten, was in der Heimat selbstverständlich gewesen war.

Verwandte unserer Eltern waren Geistliche und Ordensfrauen, mit denen sie gern zusammen war, vor allem mit Maria, der ältesten Schwester ihres Mannes, die in den Orden der „Grauen Schwestern" eingetreten war. Und die Geschwister unseres Vaters akzeptierten resignierend, „daß Agnes die liebste Schwägerin Marias war." Maria verbrachte fast ihren ganzen Jahresurlaub bei ihrer Agnes. Eines der „Ereignisse" mit dem so willkommenen Besuch stellte unsere Mutter sehr ausführlich dar.

Es war in der Inflationszeit, als das Gehalt unseres Vaters täglich ausgezahlt wurde, mit Geldscheinen, die einen Wäschekorb füllten und gerade reichten, um ein Brot zu kaufen. Am Tag der Gehaltsauszahlung mußte gekauft werden, sofort nach Dienstschluß, denn schon eine Stunde später und erst recht am nächsten Tag konnte es sein, daß das Geld nur noch Papierwert besaß. Maria kam zu Besuch und zog nach der Begrüßung aus den unergründlich tiefen Taschen ihres Ordenskleides zum Staunen unserer Mutter kein Gebetbuch, wie zu vermuten, sondern eine hausgemachte Wurst nach der anderen. Erst freute sich meine Mutter über diesen Reichtum, aber dann fürchtete sie, daß nun die Mitschwestern im Kloster wohl nichts mehr zu essen hätten. Doch Ma-

ria berichtete, daß sich die benachbarten Bauern um die Schwestern im Kloster sorgten, als seien es ihre eigenen Schwestern, deren Wohl und Wehe ihr eigenes war. Das Mitgebrachte sei wirklich nur eine Kleinigkeit im Vergleich zu dem, was täglich abgegeben werde. Und außerdem brauche sie, Maria, während ihrer Besuchszeit ja auch etwas zu essen. Ein Messer wurde geholt und die kostbaren, schmackhaften Geschenke durchprobiert.
Von dem Tod Marias hat unsere Mutter nie erzählt. Wir hatten den Eindruck, als ob für sie in den Ordensschwestern, denen sie hier im Westen begegnete, Marias Fürsorge, ihre Frömmigkeit und ihr Lachen weiterlebten.

Sehr gern fuhr meine Mutter mit zu meiner Schule. Es gab immer wieder Gelegenheiten, daß ich sie mitnehmen konnte. Meine Direktorin, eine Ordensfrau, nahm meine Mutter herzlich auf – trotz der unterschiedlichen Bildung, trotz der so unterschiedlichen Lebenswege, trotz der Krankheit, die nicht zu verbergen war. Und meine Mutter teilte mit allen Fasern mit, wie wohl sie sich bei ihr und den anderen Schwestern fühlte. Gegenstände in diesem Klostergebäude sprachen für sie ohne Falsch von einer Lebenswirklichkeit, für die keine Erklärung mehr nötig war. Ein Ordensgewand zeigte, daß jemand es trug, in dessen Leben Gott wichtig war, so daß man ihm vertrauen, sich an ihm freuen konnte. Die Marienstatuen in der Kapelle und in der Eingangshalle brauchten keine theologischen Begründungen, keine Jahreszahlen, keine Künstlernamen. Für unsere kleine

Dame lebten in diesem Haus Menschen, die wie sie zur Muttergottes beteten und Hilfe erfuhren.
Ein Beweis, wie wohl sich meine Mutter zu Recht bei diesen Schwestern fühlte? In den Osterferien 1989 muß es gewesen sein. Meine Mutter und Brigitte brachten Abiturarbeiten zu meiner Schule, ich war zu Hause mit dem nächsten Heftestapel beschäftigt. Meine Direktorin, jetzt im aktiven Ruhestand, und Mitschwestern nahmen sich Zeit für die „Postbotinnen". Im Gespräch überraschte meine Mutter alle mit einer Bitte: „Ich habe noch eine Tochter. Sie würde bestimmt auch gern zu Ihnen kommen. Darf sie kommen?" Meine Mutter war mehrfach mit mir zur Schule gefahren, fast jeden Tag wurde das „Michaelskloster" erwähnt, es gab Fotos der Schule, der „Kinder", der Schwestern, der Kollegen, die wir betrachtet hatten. Wie auf eine solche Frage reagieren? Es war eine ganz einfache Antwort. Aber sicher dürfe die andere Tochter auch kommen. Und nach den Osterferien komme sie bestimmt gern. Kein Auslachen, keine Zurechtweisung, kein Verletzen. Unsere Mutter konnte sich bei diesen Menschen geborgen fühlen, froh sein und bleiben.
Osterferien 1992. Die Fahrt nach P. war für unsere kleine Dame zu anstrengend geworden. Im Gästebuch stehen Eintragungen von zwei Schwestern meiner Schule. Oft haben wir den Text gelesen, uns Fotos von diesem Tag angeschaut. Sie freute sich darüber, wir freuten uns gemeinsam.

Sommerferien 1991. Ich konnte nicht nach Frankreich fahren, wie ich es gern getan hätte. In der

Zeitung lasen wir, daß ein Pater aus Frankreich die Ferienvertretung in einer Gemeinde übernommen habe. Ein Stückchen Frankreich in unserer Stadt erleben ... Wir fuhren zum Gottesdienst in die Kirche in einen anderen Stadtteil und luden Pater L. zu uns ein. Es stellte sich heraus, daß er Kanadier ist, aber in einem Kloster in Burgund sein Zuhause gefunden hatte. Er sprach gut deutsch, am liebsten englisch und auch französisch. Fast jeden Tag rief er an, und wenn es eben möglich war, kam er zu uns. In seiner Eintragung in das Gästebuch dankt er für die frohen Stunden bei uns, für die Freundschaft, die für ihn „eine Quelle von Licht und Freude" gewesen ist. Es gab etwas, was für ihn und für meine Mutter beim Ende eines jeden Besuchs wichtig wurde und was für sie Licht und Freude war. Pater L. segnete sie, legte ihr die Hände auf den Kopf, zeichnete dann ein kleines Kreuz auf die Stirn. Ihr Gesicht strahlte. Den Mut haben zu segnen ...

Dreikönigstag 1990. Mit Spannung erwarten wir André, einen jungen Pfarrer aus Zaïre, Doktorand in Belgien, der bei Pastor T. zu Besuch ist. Für uns alle würde es eine neue Erfahrung sein, mit einem Menschen schwarzer Hautfarbe von einem anderen Kontinent in unserer Wohnung an unserem Tisch zu sitzen. Wie würde unsere Mutter dies aufnehmen? Wie sich verhalten?

Alle vorherigen Bedenken wurden überflüssig. Sie hatte keinerlei Probleme. Sie begrüßte den „schwarzen Pfarrer", wie sie ihn dann später im Gespräch mit Brigitte und mir bezeichnete, mit großer Herzlichkeit. Andrés Lachen wurde auch für sie ansteckend, obwohl wir für sie viel zu selten übersetzten. Sie spürte seine Freude über so viele Dinge, Freude, die sie teilte.

Für André wurde unsere Mutter „Tantine Agnès", so lautet auch seine Anrede im Gästebuch für sie. Immer wieder bat sie um die Übersetzung der französischen Eintragung, bis ich ihr diese schließlich neben den Text schrieb, damit sie selbst sie jederzeit nachlesen konnte: „(Tantine = liebe, zärtliche Form für Tante, wie man sie in einer Familie nennt!) Tantine Agnès, ich behalte Ihr lächelndes Schweigen in guter Erinnerung. Ich habe darin ein Herz voll Wärme gesehen. (...)" Es gab weitere Besuche dieses frohen Menschen.

Zuneigung erfuhr auch Rose, Andrés Schwester, die im nächsten Jahr zu uns zu Besuch kam. Auf gemeinsamen Spaziergängen ergriff meine Mutter ganz selbstverständlich Roses Hand.

Die problemlose Aufnahme dieser beiden Menschen wurde für uns erklärlich aus dem jahrelangen Engagement unserer Mutter für Belange der Weltmission. Jedes Jahr hing der Kalender der Steyler Missionare an der Wand in der Küche. Gern betrachtete unsere Mutter seine Bilder mit religiösen und weltlichen Motiven und las in ihrer gründlichen Art die Texte auf der Rückseite. Und es gab zu Hause regelmäßig die Hefte desselben Ordens, die „Stadt Gottes", und andere kirchliche Zeitschriften, die ein Tor zur Welt waren. Sie weiteten den Blick gegen alle Resignation, die sensationelle Schreckensmeldungen hervorrufen, weil sie Möglichkeiten der Hilfe aufzeigten. Menschen aus anderen Ländern, von anderen Kontinenten kamen zu Wort, in den letzten Jahren zunehmend mit Texten, die Lernenswertes für Menschen in den reichen Ländern beinhalteten. In diesen Zeitschriften waren ihr Menschen anderer Hautfarbe als Schwestern und Brüder begegnet, die wie sie selbst an Gott glauben.

Nach dem Tod unseres Vaters verfügte unsere Mutter zum ersten Mal über zweckungebundene Summen. Sie kam nie auf die Idee, sich selbst etwas zum Anziehen zu kaufen, so gern sie auch hübsche, neue Kleidung trug, in der sie sich gefiel. Sie vertraute da zu Recht auf unsere gemeinsamen Einkäufe und unsere Geschenke, wie früher ihre Eltern, später ihr Mann für ihre Kleidung gesorgt hatten. Aber was sie für sich selbst entschied, war das Ausfüllen oder dann das Ausfüllen-Lassen von Zahlscheinen für verschiedene Hilfswerke, vor allem „Missio"; sie gab der Bank die Anweisung für einen Dauerauftrag. Kirchliche Hilfswerke besaßen ihr Vertrauen, daß Notleidenden geholfen werden konnte. Aufmerksam las sie die Briefe, die ihr als Dank geschickt wurden.

Aus der letzten Zeit ist mir eine Postkarte von „Missio" in Erinnerung, die eine junge, dunkelhäutige Ordensschwester inmitten einer großen Schar von dunkelhäutigen Kindern zeigt. Unsere Mutter würde diese Karte nicht verschicken können. Schon vor 5–6 Jahren hatte sie das Schreiben verlernt. Aber sie nahm die Karte oft in die Hand, betrachtete sie. Sie fand kein Wort. Sie mußte es nicht finden. Sie lächelte.

Die Kassetten

Seit zwei Stunden sitze ich in dem Vorraum der Intensivstation. Man hat mich hinausgeschickt, weil man Frau D. versorgen müsse. Ich habe Angst, mache mir Sorgen, wie es meiner Mutter geht. Man hat mir gesagt, daß sie sich gegen jeden Handgriff fremder Hände wehrt. Trotzdem will man mich nicht zu ihr lassen. Es war 23 Uhr, als man mich hinausgeschickt hat. Jetzt ist es nach 1 Uhr. Ich möchte bei ihr sein. Ihre Hand halten. Sie soll spüren, daß sie nicht allein ist. Die Tür zur Intensivstation ist nur von der anderen Seite zu öffnen.
Zu Hause gab es zwischen uns keine verschlossenen Türen.
Zu Hause …

Aus dem Zimmer meiner Mutter höre ich Singen. Es ist das Singen der beiden vergangenen Jahre, Melodien, die sie sich selbst schafft mit ihrem eigenen Silbentext. Fast jeden Abend beginnt sie ihr neues Lied, ich stimme ein, versuche, auf ernste Töne mit hellen zu antworten oder dunkle zu begleiten oder umgekehrt in ihrer Silbensprache. Nur wir beide singen diese Abendlieder, mit denen es für meine Mutter möglich zu werden scheint, ihre unterschiedlichen Stimmungen zum Ausdruck zu bringen oder auch einfach nur mit Sprache und Tönen zu spielen. Es werden gesungene Geschichten und jede ist anders. Erst habe ich nur

mitgesungen, weil ich meine Mutter in ihrer Sprache nicht allein lassen wollte, aber dann machte es mir wie ihr Freude, einfach Töne und Silben entstehen zu lassen. Das Ende unseres gemeinsamen Liedes war immer Lachen, lautes Lachen vielleicht auch über uns, befreiendes Lachen.
Jetzt am Tag Singen aus ihrem Zimmer.
Die kleine Dame ist vom Mittagsschlaf aufgewacht, lacht, als sie mich sieht, lächelt mich an, weint plötzlich. Ich umarme sie, halte sie fest. Ich bin bestürzt und hilflos, weil mir kein Grund für diese plötzliche Traurigkeit einfallen will. Ich weiß nichts zu sagen, keinen Trost. Irgendwann frage ich sie, warum sie weine. Kaum verständlich antwortet sie unter Tränen: „Ich weiß es nicht." Wir schweigen. Ich halte sie. Sie wird ruhiger. Ich bitte sie, daß wir uns anziehen und etwas unternehmen können.
Stimmungswechsel ohne erkennbaren und benennbaren Grund wiederholten sich in den letzten Jahren. Jede Freude und jede Ausgeglichenheit, die andauerten, die nicht den überraschenden, verzweifelten Tränen Platz machen mußten, waren Geschenke, für die wir dankbar waren. Dankbar trotz der Sorge, daß sie von einem Augenblick zum anderen wieder genommen werden konnten.

Kinder konnten helfen, die Traurigkeit zu verbannen.
Vor allem an solchen Tagen, an denen meine Mutter grundlos zu weinen begann, betrachteten wir Kinderfotos, sahen Videokassetten von Philipp,

ihrem Urenkel, machten Besuche bei Kindern oder wurden Zuschauer auf Kinderspielplätzen. Von der ruhigen Sicherheit einer Sitzgelegenheit aus betrachtete meine Mutter dann das Hin und Her. Das Spiel verfolgend, sagte sie einmal zu Brigitte: „Das ist fröhliches Leben". Die Gesichter von überanstrengten Müttern und Vätern hellten sich auf, wenn sie sahen, wie die kleine alte Dame mit den silbernen Haaren verzaubert vor ihren Kindern stehenblieb. Und Kinder blieben gebannt vor der freundlichen Oma stehen, sahen ihr noch nach, wenn sie weiterging.
Hätten wir ihr wünschen sollen, daß sie Tag für Tag, Stunde für Stunde zusammen mit einem Kind, mit Kindern hätte leben können? Dies wäre in den letzten Jahren eine Überforderung für sie gewesen. Wenn Besuch mit Kindern, der nur Stunden bei uns geblieben war, wieder ging, konnte sie tief Luft holen und erleichtert sagen: „Jetzt haben wir wieder unsere Ruhe." Sie brauchte das Ausruhen, ihren Schlaf, auch wenn es nur unterbrochener Schlaf war. „Unsere Ruhe" konnte auch heißen, daß sie sich einen Spaziergang wünschte, in ihrem Tempo, in aller Muße für das, was sie wahrnahm.

Kinder.
Ich denke, Brigitte und ich rechneten für unsere Mutter immer noch zu ihnen. Sie war besorgt um uns, wie es uns ging. Die Fähigkeit und die Kraft, die anderen mit dem, was sie brauchten, wahrzunehmen, wurde schwächer, aber es gab doch immer wieder Zeichen der Fürsorglichkeit, die uns

sie wie früher sehen ließen. Auch als sie selbst nicht mehr die Mahlzeiten zubereiten konnte, war sie besorgt, daß wir auch genug zu essen hatten. „Nimm doch noch!" konnte sie bei Tisch auffordern. Wenn wir zusammensaßen, konnte es sein, daß ich nach einiger Zeit meine Zigaretten samt Feuerzeug vermißte. Ich machte mich auf die Suche, bis ich das Lächeln meiner Mutter bemerkte. Sie hatte das Gesuchte in ihrer Tasche versteckt. Ich sollte nicht rauchen. Es wurde selbstverständlich, daß unsere kleine Dame unsere Hilfe beim Ankleiden benötigte, zuletzt auch bei dem, was sie am längsten noch hatte selbst tun können, sich den Mantel zuzuknöpfen. Fast immer betrachtete sie sich nach der Ankleidezeremonie im Spiegel. Mit sich selbst zufrieden, konnte es sein, daß sie sich Brigitte oder mir zuwandte, um uns beim Anziehen zu helfen. Der Kragen lag noch nicht richtig, eine Fluse fand sich, die Mütze mußte geradegerückt werden. Auch wenn es überflüssig war, es tat gut, diese Gesten einfach geschehen zu lassen.

Vor wenigen Wochen, ich sehe meine Mutter noch vor mir, als sei es jetzt und hier, streichelte sie mein Gesicht und sagte „Meine Mutter. " Ich habe sie umarmt, wie ich sie immer umarmt hatte. Sie schmiegte sich an mich.

Sie hatte das ausgesprochen, was von Tag zu Tag mehr Wirklichkeit geworden war, daß wir für sie sorgten, uns mit ihr freuten, uns an ihr freuten, an ihrer Zuneigung, ihrem Vertrauen, ihrer Freude.

Und doch tat diese Anrede weh. Ich konnte nicht

für sie das sein, was ihre Mutter für sie gewesen war. Wir konnten es nicht sein.
Aber es gab ganz leicht und selbstverständlich die Rückkehr in die gewohnten Worte, Schritte, Handgriffe, Planungen.

Bettina, Gerd und der kleine Philipp, mittlerweile schon 2 Jahre und 7 Monate, würden bald kommen. Wir betrachteten Fotos und Videokassetten, um den Besuch vorzubereiten.
Eine der Videoszenen, die meine Mutter gern ansah, hatte Bettina bei uns am 1. Adventssonntag im letzten Jahr aufgenommen. Die Wohnung ist dem kleinen Philipp sichtlich vertraut. Er weiß, wo er etwas zu trinken finden kann, auch etwas zu essen, das ihm schmeckt. Und er weiß, wo etwas zum Spielen steht und wo er gefahrlos herumklettern kann. Aber neu und anziehend ist für ihn der Adventskranz mit den vier Kerzen, zu dem er immer wieder zurückkehrt. Er möchte eine Kerze anzünden. Wir vertrösten ihn, daß wir erst alle zusammen sein möchten. Meine Mutter hat noch geschlafen, es dauert längere Zeit, bis sie aufstehen kann. Der kleine Kerl muß ganz viel Geduld haben.
Als die Uroma dann endlich in das Wohnzimmer kommt, ist es soweit! Musik spielt, die für uns zum Advent gehört. Philipp darf das brennende Streichholz halten, die 1. Kerze anzünden. Für ihn wird zum Spiel, die Flamme auszublasen und die Kerze wieder anzustecken. Wechsel vom Dunkel zum Licht. Vom Licht zum Dunkel. Manchmal kostet es Mühe, bis es wieder hell wird.

Es gibt Augenblicke, in denen der kleine Mensch, der wach immer in Bewegung sein muß, still ist, ruhig, seine Kerze ansieht. Und wir mit ihm. Die Flamme flackert, sie ist lebendig. Und es ist schön, das lebendige Licht sehen zu können.
Für uns wurde diese brennende Kerze wie jedes Jahr im Advent zum Bild für den, der mit seiner Liebe bei uns ist und der kommen wird.
Für Philipp ist Gottes Gegenwart ganz konkret in Menschen, so auch in seinem Onkel Hans, der Priester ist und der, wie das Kind sagt, „für den großen, guten Gott arbeitet". Und Philipp muß seine eigenen Erfahrungen mit dem, den er doch nicht sehen und nicht greifen kann, gemacht haben. Als er einmal hörte, daß andere, die er kannte, sehr traurig sind, sagte er: „Der große, gute Gott muß sie umarmen und ihnen Pflaster geben."

Texte zum 12. und 17. 9. 1992

Am Abend des 12.9. wurde ich von Bekannten angesprochen, wo denn meine Mutter sei. Man war es gewohnt, uns beide nur zusammen zu sehen. Wieder zu Hause angekommen, setzte ich mich an die Schreibmaschine, verfaßte den folgenden Text, um nicht immer wieder dasselbe sagen zu müssen, um nicht reden zu müssen.

12. 9. 92

Wir meinen, daß wir Dir/Euch/Ihnen nicht nur die Todesanzeige schicken können. Zu plötzlich ist Muttis Tod für uns trotz ihres hohen Alters.
Letzten Sonntag hat sie mit Brigitte noch einen großen Spaziergang gemacht, sah, wie es faszinierend mit ihr war, alles Schöne unterwegs … Abends war ich mit ihr noch in der Liebfrauenkirche zum Gottesdienst. Montag Besorgungen mit ihr, Brot einkaufen, was sie sehr gern tat. Auf die Frage der herzlichen Frau M. in der Brotfabrik, wie es ihr gehe, antwortete sie: „Gut.“ Nachmittags dann Fieber. Unser Hausarzt kam trotz Überlastung, gab ihr eine Spritze gegen das Fieber. Abends um 10 Uhr konnte sie wieder aufstehen, bis 11 Uhr haben wir dann noch im Wohnzimmer gesessen und etwas gegessen. Um Mitternacht schlief sie dann.
Dienstag 5 Uhr morgens fand ich sie blutüber-

strömt, sie hatte Blut gebrochen. Ein Verbleib zu Hause wäre Mord gewesen, wie unser Hausarzt sagte. Sie kam auf die Intensivstation. Die Magenspiegelung ergab, daß sie einen bösartigen Tumor im Magen hatte. Bluttransfusionen, die üblichen Maßnahmen auf der Intensivstation. Zur Lebenserwartung waren nur sehr unsichere Aussagen möglich, vielleicht nur einige Stunden, vielleicht ein Jahr. Am folgenden Tag unser „Kampf" gegen die Intensivstation, wir waren uns ganz sicher, daß Mutti unsere Nähe brauchte. Sie wurde in ein Einzelzimmer auf einer Normalstation verlegt, die Intensivtherapie wurde weiter fortgesetzt. Dr. S., mein Arzt, hatte diese Möglichkeit aufgezeigt.
Muttis Reaktionen wurden, auch gedämpft durch Schmerz- und Beruhigungsmittel, immer schwächer. Aber erkannt hat sie uns immer wieder. Sie spürte, daß wir es waren, die sie streichelten oder mit ihr sprachen, da sind wir uns ganz sicher. Da Pastor T. auf einer Gemeindefahrt in Polen war, bat ich Vikar R. von unserer Gemeinde, den Mutti sehr schätzt, sie Dienstagabend zu versehen. Er kam auch am Mittwoch- und Donnerstagabend zum Gebet. Auch noch einmal heute morgen. Das gemeinsame Gebet war für Mutti und für uns so wichtig. Daß inmitten aller Apparaturen und der Sicht nur auf den Körper des Menschen Gott lebendig, gegenwärtig ist … Wir hatten gemeint, die Wache bei Mutti allein bewältigen zu können – rund um die Uhr, Brigitte trotz Schule, aber nach zwei fast ganz durchwachten Nächten war die Kraft sehr schwach geworden. Unsere liebe Frau

K. war am Freitag 5 Stunden bei Mutti, wollte Samstagmittag wiederkommen ... In der Nacht von Freitag auf Samstag war Elke bei uns, die wir seit letztem Jahr so sehr liebgewonnen haben. Nach der Prellung half sie Mutti, wieder laufen zu können ... Brigitte löste Elke um 2 Uhr ab, ich kam dann um 1/2 5. Zu den unterschiedlichen Zeiten hatten wir alle 3 den Eindruck, daß es Mutti besser gehe. Ich hatte in der Zeit bis 7 noch die Vorstellung, so kräftig schien sie mir, daß sie mittags im Bett sitzen werde und das 1. Glas Wasser trinken. Nach 7 meinte ich dann einen Verfall zu sehen, den weder die Krankenschwester noch der Arzt, ausgehend von ihren Meßdaten, bestätigen konnten. Brigitte kam gegen 9. Wir sangen für sie leise Kirchenlieder, die sie gern hatte, beteten von Zeit zu Zeit ein Gesetz vom Rosenkranz, den sie so gern gebetet hatte. Nach 11 kam Pastor T. Wir haben weiter gebetet und gesungen. In der Zeit von 11.15 und 12, wir haben es nicht bemerkt, ist sie ganz still eingeschlafen.
Wir können jetzt erst gar nicht anders als froh und dankbar über diese Art des Sterbens sein. Trotz aller großen Traurigkeit um unseren kleinen Schatz. Sie bleibt bei uns, auch wenn wir sie jetzt nicht mehr um uns haben können.
Der 12. September – ein Marienfeiertag.

Zum 17. 9. 92

Nach dem Tod unserer Mutter, in Nächten, wenn ich nicht schlafen konnte, suchte ich Texte und

Lieder für den Gottesdienst für meine Mutter aus, Texte und Lieder, die ihr und uns viel bedeuten, machte mir Gedanken zur Gestaltung.
Ich hatte für meine Mutter getan, was ich tun konnte. Ich wollte auch dies für sie tun.
In der Einleitung zum Gottesdienst am Beerdigungstag sprach Vikar R. über das letzte Foto, das Brigitte von unserer Mutter 13 Tage vor ihrem Tod aufgenommen hat.
Wir waren mit ihr zu einem Feld im Stadtgebiet gefahren, wo man vorführte, wie früher Getreide gedroschen wurde. Wir dachten, daß dies ein Stück Erinnerung an zu Hause für unsere Mutter sein könnte.
Sie steht an einem Erntewagen, der mit Garben beladen ist, nimmt eine der Ähren in die Hand …
Am Grab betete ich den bekannten Text von Charles de Foucauld. Einige Male war er in unseren Gottesdiensten Meditation nach der Kommunion.
Ich kann ihn nicht auswendig, aber sinngemäß habe ich ihn am Bett meiner Mutter, ihre Hand haltend, gebetet.
Für sie und für mich.

Mein Vater, ich überlasse mich dir; mach mit mir, was dir gefällt. Was du auch mit mir tun magst, ich danke dir. Zu allem bin ich bereit, alles nehme ich an. Wenn nur dein Wille sich an mir erfüllt und an allen deinen Geschöpfen, so ersehne ich weiter nichts, mein Gott. In deine Hände lege ich meine Seele. Ich gebe sie dir mit der ganzen Liebe meines Herzens, weil ich dich liebe und weil diese Liebe mich treibt, mich dir hinzugeben, mich in deine Arme zu legen, ohne Maß, mit einem grenzenlosen Vertrauen. Denn du bist mein Vater. Amen.

Eleonore Beck (Hrsg.)
Wie das Leben so spielt
Anstöße zur Menschlichkeit
101 S. Paperback.
ISBN 3-7666-9941-5
Eine Textsammlung, die zum Dialog zwischen den Menschen anregt.

Ulla Dicks
Vom Armen Ritter zur Birne Hélène
Mit Freude kochen
126 S. Mit zahlr. Illustr. Paperback.
ISBN 3-7666-9971-7
Bekannte und neue Rezepte – abgestimmt auf die Bedürfnisse und Möglichkeiten älterer Menschen.

Eva Havenith / Ida Lamp
Und samstags in die Badewanne
Die Geschichte kleiner Leute
124 S. Paperback.
ISBN 3-7666-9942-3
Anhand von Beispielen werden Anregungen gegeben, Alltagsgeschichte(n) wiederzuentdecken und miteinander auszutauschen.

Bercker Senioren

Ida Lamp
So alt ihr auch werdet
Biblische Perspektiven fürs Älterwerden
127 S. 10 S/W-Abb. Paperback.
ISBN 3-7666-9909-1
Biblische Texte, die über das Altwerden und den Umgang von Alt und Jung erzählen, werden für Senioren erschlossen.

Gretel Rieber (Hrsg.)
Der Alte, den keiner wirklich kannte
und andere Geschichten
140 S. Paperback.
ISBN 3-7666-9910-5
37 Geschichten, die nachdenklich machen und Freude bereiten.

Gretel Rieber (Hrsg.)
Theo, laß das!
Geschichten von Kindern, Rentnern und Nachbarn
141 S. Paperback.
ISBN 3-7666-9943-1
Geschichten über die Kindheit, Erinnerungen an Erlebtes und Erzählungen, die vom Altwerden handeln.

Gretel Rieber (Hrsg.)
Wege zum erfüllten Leben
Zwei Sichtweisen
88 S. Paperback.
ISBN 3-7666-9972-5
Zwei Gespräche mit einem Historiker und einem Psychotherapeuten, die zeigen, wie wichtig es ist, sich Neuem zu öffnen und das Leben im Alter aktiv zu gestalten.

Günter Riediger (Hrsg.)
Fest gemauert in der Erden ...
Vertraute Gedichte und Balladen
100 S. 3 S/W-Fotos. Paperback.
ISBN 3-7666-9911-3
Eine Sammlung bekannter Gedichte und Balladen.

Günter Riediger (Hrsg.)
Von Alt und Jung –
hintergründig und vergnüglich
102 S. Paperback.
ISBN 3-7666-9944-X
Eine Sammlung mit Texten bekannter Verfasser aus verschiedenen Zeiten und Kulturen über das Verhältnis der Generationen zueinander.

Bercker Senioren

Hans Georg Ruhe
Wo hab' ich bloß ...
Vergessen und Erinnern im Alter
129 S. Paperback.
ISBN 3-7666-9973-3
Das Buch informiert über Gedächtnisfunktionen älterer Menschen und gibt leicht umsetzbare Hilfen für den alltäglichen Umgang mit der eigenen Vergeßlichkeit.

Hannelore Schedler (Hrsg.)
Die Spieluhr
Weihnachtserzählungen aus alter Zeit
112 S. 5 S/W-Illustr. Paperback. ISBN 3-7666-9912-1
Weihnachtserzählungen aus der Zeit um 1900, die unterhalten und in die „gute alte Zeit" entführen.

Hannelore Schedler (Hrsg.)
Die Weihnachtsüberraschung
Erzählungen aus alter Zeit
105 S. 4 S/W-Illustr. Paperback. ISBN 3-7666-9974-1
Fünf populäre Erzählungen aus dem vorigen Jahrhundert mit zeitgenössischen Illustrationen.

Waltraut
Schmitz-Bunse
Sommertage – Wintertage
Kalendernotizen
hrsg. von Gretel Rieber
99 S. Paperback.
ISBN 3-7666-9913-X
Aufzeichnungen einer Frau, die den Jahreslauf in einem kleinen Dorf festhält und sich Gedanken über unsere Welt macht.

Gerd Siekmann
Wer erbt was?
Teil 1: Mein letzter Wille
148 S. Paperback.
ISBN 3-7666-9945-8
Ein praktischer Ratgeber zum Erbrecht – für Laien formuliert.

Michael Soeder
An Leib und Seele gesund
Zur Lebensgestaltung im Alter
121 S. Paperback.
ISBN 3-7666-9975-X
Wichtige Fragen der Lebensgestaltung und gesundheitlichen Vorsorge werden – nicht ohne Humor – erörtert.

Bercker Senioren

Michael Soeder
Fit und gesund
Tips für Senioren
99 S. Paperback.
ISBN 3-7666-9914-8
Ein ärztlicher Wegweiser – auf die Bedürfnisse von Senioren zugeschnitten.

Diethard Wucher (Hrsg.)
Wem Gott will rechte Gunst erweisen ...
Unvergessene Lieder
108 S. Paperback.
ISBN 3-7666-9915-6
Eine Sammlung bekannter Lieder zu den Themen Frühling, Sommer, Herbst und Winter, zum Erinnern und Neuentdecken.

Die Reihe wird fortgesetzt